101 VIAGENS ROMÂNTICAS
ILHAS VIRGENS

DIEGO CERVO | DREAMSTIME.COM

101 VIAGENS ROMÂNTICAS

Viagem e Turismo

Ediouro

RIC MCDONALD | DREAMSTIME.COM

TASMÂNIA

A MELHOR VIAGEM A DOIS

Você e ele. Você e ela. Sozinhos. Longe das crianças, dos sogros, do escritório. Melhor: longe de casa. Quem tem um amor sabe que esses momentos a dois são fundamentais para o relacionamento. E que uma das melhores coisas da vida em comum está em escolher onde passar as férias – sozinhos. Pode ser a viagem inicial do namoro, a primeira (ou segunda, ou terceira) lua-de-mel, um fim de semana prolongado... Bater o martelo sobre o destino é tão importante quanto decidir viajar.

Neste livro você encontrará 101 sugestões de lugares perfeitos para ir a dois. Alguns são perfeitos também para ir em família ou em turma, só que ganham contornos especiais quando quem está ao seu lado é alguém que faz a diferença – Nova York e Londres não são destinos exclusivos dos apaixonados, mas há uma graça muito especial em ver os jardins do Metropolitan Museum e a feira de flores do Columbia Road Market com seu par ao lado.

O livro foi organizado pelo jornalista Fabrício Brasiliense, um viajante contumaz que já morou três meses em Barcelona e viveu em Londres por quase dois anos – sem falar em Florianópolis, a cidade-mãe adotiva que ele conhece de trás para a frente.

Fabrício combina textos em que descreve Galinhos, Formentera, a Chapada dos Veadeiros e Cinque Terre, entre outros destinos, com relatos tirados das páginas da revista *Viagem e Turismo*. Para apresentar cada capítulo, convocamos a polivalente Tati Bernardi, escritora, redatora e colunista que, com muito bom humor, destrincha alguns momentos cruciais nas escapadas a dois.

Boa leitura e boa viagem!

Gabriela Erbetta
Editora do *Guia Quatro Rodas*

CHAPADA DIAMANTINA

SUMÁRIO

Mapa do Romance

Escolha o tema ou o continente e boa viagem!

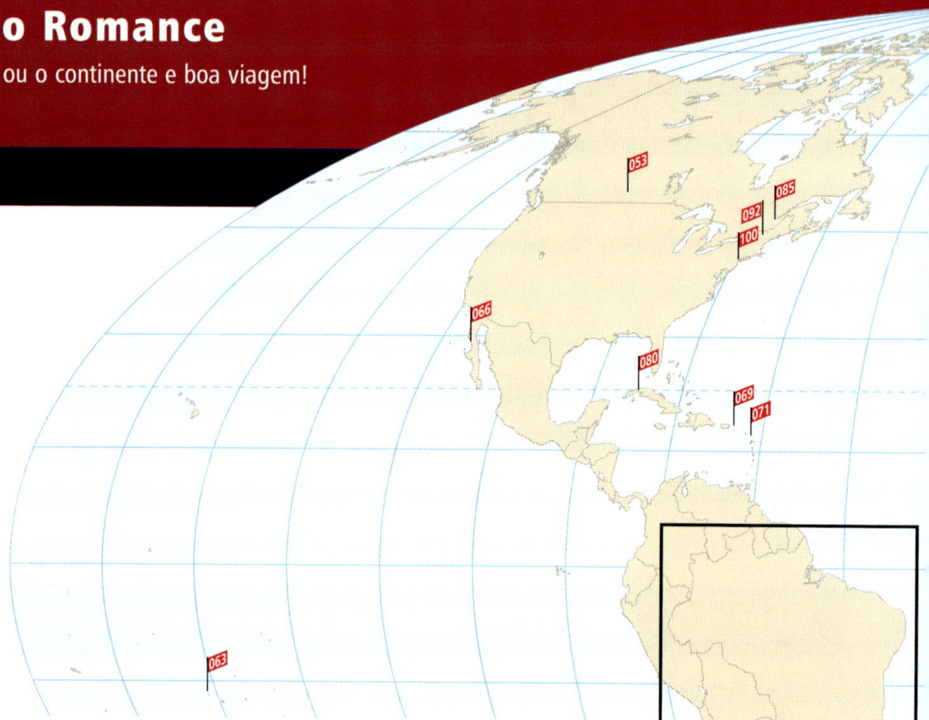

VAMOS FUGIR

001 – GALINHOS (RN)
002 – ILHA DE BOIPEBA (BA)
003 – ILHA DO PAPAGAIO (SC)
004 – PONTA DOS GANCHOS (GOVERNADOR CELSO RAMOS, SC)
005 – PRAIA DO BONETE (ILHABELA, SP)
006 – PRAIA DO ESPELHO (BA)

UM AMOR E UM BANGALÔ

007 – FAZENDA DA LAGOA (UNA, BA)
008 – KIAROA ECO-LUXURY RESORT (PENÍNSULA DE MARAÚ, BA)
009 – NANNAI BEACH RESORT (PORTO DE GALINHAS, PE)
010 – POUSADA MARAVILHA (FERNANDO DE NORONHA, PE)
011 – TAUANA (PONTA DO CORUMBAU, BA)
012 – TOCA DA CORUJA (PRAIA DA PIPA, RN)
013 – TXAI RESORT (ITACARÉ, BA)
014 – VILA GALÉ MARÉS (GUARAJUBA, BA)
015 – VILA KALANGO (JERICOACOARA, CE)
016 – VILLA BEBEK HOTEL (CAMBURI, SP)

RÚSTICOS E ENERGIZANTES

017 – CAMBARÁ DO SUL (RS)
018 – CARAÍVA (BA)
019 – CHAPADA DIAMANTINA (BA)
020 – CHAPADA DOS VEADEIROS (GO)
021 – ILHA DO CAJU (MA)
022 – ILHA DO MEL (PR)
023 – LENÇÓIS MARANHENSES (MA)
024 – PANTANAL (MS)

ROMANCE DE ÉPOCA

025 – OLINDA (PE)
026 – PARATI (RJ)
027 – SALVADOR (BA)
028 – TIRADENTES (MG)

QUANTO MAIS QUENTE MELHOR

029 – ARRAIAL DO CABO (RJ)
030 – BARRA DO SAHY (SP)
031 – ESTALEIRINHO (SC)
032 – ILHA GRANDE (RJ)
033 – LAGOINHA DE PONTA DAS CANAS (SC)
034 – PRAIA DO ROSA (SC)
035 – SANTO ANDRÉ (BA)
036 – SÃO MIGUEL DOS MILAGRES (AL)
037 – TRANCOSO (BA)

O AMOR SOBE A SERRA

038 – KURIUWA, MONTE VERDE (MG)
039 – LA HACIENDA, GRAMADO (RS)
040 – LOCANDA DELLA MIMOSA, PETRÓPOLIS (RJ)
041 – MAUÁ BRASIL, VISCONDE DE MAUÁ (RJ)
042 – POUSADA DO ENGENHO, SÃO FRANCISCO DE PAULA (RS)
043 – POUSADA QUINTA DOS MARQUES, CANELA (RS)
044 – POUSADA QUINTA DOS PINHAIS, SANTO ANTÔNIO DO PINHAL (SP)
045 – QUINTA DY ENGENHO, SÃO ROQUE (SP)
046 – TANKAMANA, ITAIPAVA (RJ)

SEX AND THE CITY 1

047 – BELO HORIZONTE (MG)
048 – RIO DE JANEIRO (RJ)
049 – SÃO PAULO (SP)

TODOS DIZEM EU TE AMO

050 – CHIANTI (ITÁLIA) – BELEZA ROUBADA
051 – FORMENTERA (ESPANHA) – LUCIA E O SEXO
052 – ISÈRE (FRANÇA) – PINTAR OU FAZER AMOR
053 – KANANASKIS COUNTY (CANADÁ) – O SEGREDO DE BROKEBACK MOUNTAIN
054 – TÓQUIO (JAPÃO) – ENCONTROS E DESENCONTROS
055 – TURTLE ISLAND (ILHAS FIJI) – A LAGOA AZUL
056 – VIENA (ÁUSTRIA) – ANTES DO AMANHECER

GRANDES ESCAPADAS

057 – CAPADÓCIA (TURQUIA)
058 – DELTA DO OKAVANGO (BOTSUANA)
059 – MENORCA (ESPANHA)
060 – TASMÂNIA (AUSTRÁLIA)
061 – TORRES DEL PAINE (CHILE)

REFÚGIOS VIP

062 – BALI (INDONÉSIA)
063 – BORA BORA (POLINÉSIA FRANCESA)
064 – HAMILTON ISLAND (AUSTRÁLIA)
065 – KLOSTERS (SUÍÇA)
066 – LOS CABOS (MÉXICO)
067 – MALDIVAS (REPÚBLICA DAS MALDIVAS)
068 – MNEMBA (ZANZIBAR)
069 – NECKER ISLAND (ILHAS VIRGENS BRITÂNICAS)
070 – PHUKET (TAILÂNDIA)
071 – ST. BARTHS (SAINT BARTHÉLEMY)
072 – VALE DO LOIRE (FRANÇA)

MESA PARA DOIS

073 – EL BULLI (ESPANHA)
074 – PAUL BOCUSE (FRANÇA)
075 – THE FAT DUCK (INGLATERRA)
076 – VILA JOYA (PORTUGAL)

O TEMPO REDESCOBERTO

077 – BRUGES (BÉLGICA)
078 – CAMBRIDGE (INGLATERRA)
079 – FLORENÇA (ITÁLIA)
080 – HAVANA (CUBA)
081 – ISTAMBUL (TURQUIA)
082 – PRAGA (REPÚBLICA TCHECA)
083 – VENEZA (ITÁLIA)

HOTÉIS DE SONHO

084 – CASTELO DROMOLAND (IRLANDA)
085 – FAIRMONT CHÂTEAU FRONTENAC (CANADÁ)
086 – PARADOR DE GRANADA (ESPANHA)
087 – THE OBEROI AMARVILAS RESORT (ÍNDIA)
088 – VILLA D'ESTE (ITÁLIA)

ESTRADAS ROMÂNTICAS

089 – CINQUE TERRE (ITÁLIA)
090 – COSTA BRAVA (ESPANHA)
091 – ROTA ROMÂNTICA (ALEMANHA)
092 – VERMONT (ESTADOS UNIDOS)

ANTES DO PÔR-DO-SOL

093 – ANGKOR (CAMBOJA)
094 – CIDADE DO CABO (ÁFRICA DO SUL)
095 – DUBROVNIK (CROÁCIA)
096 – ROMA (ITÁLIA)
097 – SANTORINI (GRÉCIA)

SEX AND THE CITY 2

098 – BUENOS AIRES (ARGENTINA)
099 – LONDRES (INGLATERRA)
100 – NOVA YORK (ESTADOS UNIDOS)
101 – PARIS (FRANÇA)

054
087
093
070
067
068
062
064
055
058
094
060

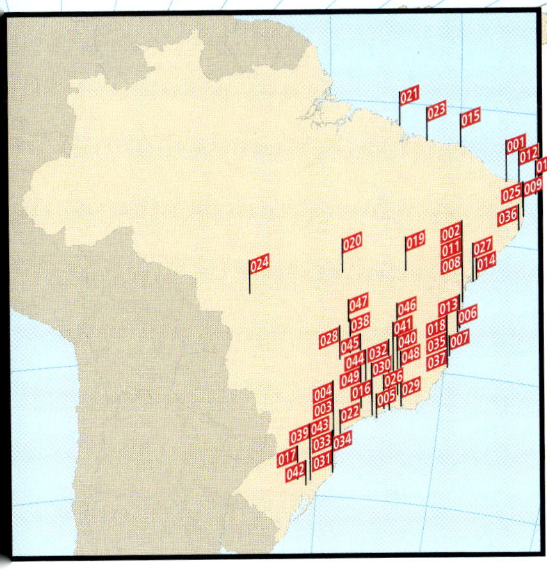
021
023
015
001
012
010
025
009
036
002
011
008
027
014
019
020
024
047
038
028
045
044
032
049
030
046
041
040
048
013
006
018
035
007
037
026
029
005
016
004
003
022
039
043
033
034
017
031
042

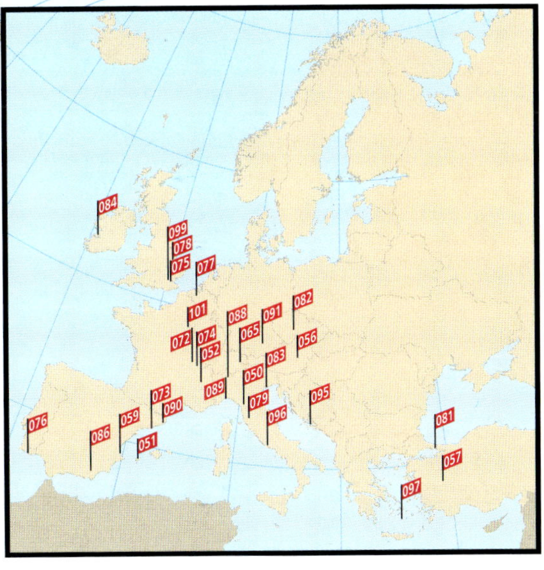
084
099
078
075
077
101
088
091
082
072
074
052
065
056
083
050
073
089
090
079
095
096
059
076
086
051
081
057
097

DIVULGAÇÃO

VAMOS FUGIR

ILHA DO PAPAGAIO

Galinhos (RN)

Ilha de Boipeba (BA)

Ilha do Papagaio (SC)

Ponta dos Ganchos
(Governador Celso Ramos, SC)

Praia do Bonete (Ilhabela, SP)

Praia do Espelho (BA)

CONSULTÓRIO SENTIMENTAL DE TATI BERNARDI

Não existe viagem romântica a quatro, cinco, oito ou mais pessoas. Outros casais e amigos avulsos podem ser muito interessantes e divertidos ao longo do seu relacionamento, mas para o bem da sua mente, da sua alma e, principalmente, do seu órgão reprodutor, reserve uma data para viajar exclusivamente com o seu amor. É longe de tudo e de todos que vocês vão descobrir se a convivência é saudável ou se é melhor ficar longe de objetos pontiagudos.

RICARDO FREIRE

001 GALINHOS
(RN)

Esse pequeno vilarejo de pescadores é um dos últimos paraísos intocados do Nordeste brasileiro. Adriana Setti conta por que ele é tão perfeito para casais.

"Galinhos não tem carros nem muvuca. Nada como a dificuldade de acesso (se seu carro sobreviver às crateras da estrada, ele ficará em um estacionamento na vila de Pratagil e você cruzará o rio de barco). Além disso, a cidade é rica em sal e petróleo e não depende do turismo. Ou seja, é possível circular em paz por uma praia semideserta, de areia branquinha e fofa e mar cristalino, sem ser perseguido por vendedores de queijo coalho e afins. Alugue uma mulinha, o único meio de transporte disponível, e vá até o farol. Dificilmente haverá outros seres humanos por ali. Nessa parte da praia, as pedras formam piscininhas naturais de água quente. E eis a sua hidro. Para não ficar com cabelo de espantalho e assustar o ser amado, escolha a pousada Chalé Oásis, a única que tem banho de água mineral."

COMO CHEGAR

Macau, a cidade mais próxima de Galinhos, fica a 185 km de Natal. A pousada Chalé Oásis fica na rua Beira-Rio, 84, (84) 3552-0024, www.oasisgalinhos.com.br.

SAIBA MAIS

www.setur.rn.gov.br relaciona as principais atrações da região.

RICARDO FREIRE

DIVULGAÇÃO

002 ILHA DE BOIPEBA
(BA)

Se um dia você sonhou com uma Morro de São Paulo menos agitada e mais tranqüila, com um astral selvagem parecido com o da Quinta Praia, siga um pouco mais para o sul e atravesse o rio do Inferno até chegar a Boipeba, uma ilha que tem exatamente esse clima. Área de proteção ambiental, Boipeba tem praias desertíssimas onde a única companhia são os coqueiros. Na pousada Vila Sereia, o café-da-manhã é servido na varanda do seu chalé.

RICARDO FREIRE

COMO CHEGAR

De Salvador, são 150 km até Torrinha e mais 25 minutos em lancha rápida para a ilha de Boipeba. Barcos também saem de Morro de São Paulo.

SAIBA MAIS

www.ilhaboipeba.org.br conta a história da ilha, traz informações sobre serviços e explica sobre os projetos de proteção ambiental para Boipeba.

003

ILHA DO PAPAGAIO
(SC)

DIVULGAÇÃO

A ilha inteira pertence à pousada – quer algo mais exclusivo do que isso? Os chalés espalhados aqui e ali são confortáveis, mas não abrem mão de certa rusticidade. Dois deles foram construídos sobre as pedras e de frente para o mar. Há muitas trilhas a serem exploradas e muita água para você se divertir com os esportes náuticos.

COMO CHEGAR

São 50 km de Florianópolis até a praia do Sonho, na Palhoça. A travessia parte da Ponta do Papagaio e dura cinco minutos. Pousada Ilha do Papagaio, (48) 3286-1242, www.papagaio.com.br.

SAIBA MAIS

www.guardadoembau.com.br é o site da Guarda do Embaú, uma delícia de praia que fica ali pertinho.

DIVULGAÇÃO

004

PONTA DOS GANCHOS

(Governador Celso Ramos, SC)

Se você busca uma experiência quase exclusiva, esse é seu paraíso terrestre. Os bangalôs são a materialização do estilo refúgio-chique, caso exista algum. Localizados no topo de uma colina, têm uma vista deslumbrante e são impecavelmente decorados – alguns com adega, sauna, piscina e hidro na varanda. As refeições são servidas a qualquer hora, e em quase qualquer lugar: até numa ilhazinha, disponível para um jantar à luz de velas oferecido a um felizardo casal por noite.

DIVULGAÇÃO

DIVULGAÇÃO

COMO CHEGAR

Governador Celso Ramos está a 53 km de Florianópolis. O Ponta dos Ganchos fica na praia de Ganchos de Fora, (48) 3262-5000, www.pontadosganchos.com.br.

SAIBA MAIS

www.relaischateaux.com é o site do Relais & Chateau, uma entidade que reúne os hotéis e restaurantes mais charmosos do mundo. O Ponta dos Ganchos está lá.

005

PRAIA DO BONETE

(Ilhabela, SP)

Uma ilha já é um refúgio por si só. E, por ser tão longe de tudo, a praia do Bonete, em Ilhabela, virou o refúgio do refúgio. A repórter Inês Lima foi até lá se esconder... quer dizer, conferir.

"O Bonete é outro mundo. Não tem energia elétrica, supermercado, ruas, liquidação, guarda-sóis. Para chegar lá, é preciso fazer uma trilha de quatro horas, desde a Ponta de Sepituba (com três lindas cachoeiras no caminho), ou contratar uma lancha, isso se o mar permitir.

E quando o barco ancora mais longe da praia, em dias de mar arredio, uma autêntica canoa de boneteiros vem te buscar. Desembarcar num lugar desses, numa canoa que é feita exatamente do mesmo jeito há trezentos anos — uma tradição passada de pai para filho —, é como desembarcar em outra era. E aí é hora de esquecer relógio, celular (que não vai funcionar mesmo) e qualquer vontade minimamente capitalista. Lá, é impossível encontrar um chocolate quando dá vontade, comprar alguma coisa (a não ser o repelente, que, pelo amor de Deus, é mais que essencial), nadar numa piscina, tomar banhos de duas horas ou pedir um prato especial ao chef.

Come-se o que foi pescado no dia ou o que está bom na horta. E tudo é delicioso. Pelo menos na Pousada Canto Bravo, a única do lugar, onde é o próprio dono, Daniel, o cozinheiro. A pousada traduz o Bonete: feita com muita madeira, tem telhados de sapê, velas e tochas no lugar de lâmpadas e um atendimento sem qualquer formalidade (que não combinaria mesmo com o lugar). Os quartos têm camas com dosséis, sempre balançando ao sabor do vento que entra pelas gigantes janelas de vista infinita para o mar verde. Pois é, Bonete tem seus luxos. Como as redes penduradas nos lugares certos, os banhos aquecidos a gás, as caminhadas às cachoeiras do Saquinho e do Poço Fundo ou às praias próximas (Enchovas e Indaiaúba), com mar forte e gelado, bom para surfistas no Canto Bravo, à direita, e calmo junto ao rio, à esquerda."

COMO CHEGAR

Ilhabela fica a 213 km de São Paulo, mais 15 minutos de balsa. Pousada Canto Bravo, (12) 3896-5111, www.pousadacantobravo.com.br.

SAIBA MAIS

www.ilhabela.com.br traz várias dicas de passeio no local.

GUILHERME ANDRADE

006

PRAIA DO ESPELHO

(BA)

Quantas praias no Brasil, com águas azuis e quentinhas, conseguem ser também bonitas, selvagens e ainda por cima pouco badaladas? A praia do Espelho consegue. Ricardo Freire conta mais sobre esse fenômeno, uma das únicas praias do país agraciada com cinco estrelas, a categoria máxima de avaliação do *Guia Quatro Rodas*.

"A distância faz parte da beleza do lugar. É uma das praias do litoral baiano de acesso mais difícil: são 25 km de estrada de terra precaríssima desde Trancoso. Muita gente vai e volta no mesmo dia, mas a Fazenda Calá é o melhor motivo para ficar por lá. Alguns bangalôs, no alto da colina, são branquinhos e têm terraços enfeitados por buganvílias, uma coisa meio Grécia na Bahia. Outros são total pé-na-areia, para quem prefere o barulho das ondas à vista do alto. O canto do Espelho onde fica a pousada é o menos freqüentado pelos turistas-de-um-dia-só – e ainda fica colado ao disputadíssimo restaurante da Silvinha, que não tem luz elétrica nem telefone, onde você só come se fizer reserva pessoalmente (facílimo para quem está no Calá...). E você está a dez minutos de caminhada do mais bonito bar de praia do Brasil: o bar do Baiano."

FOTOS: LUIS CALAZANS LUZ

COMO CHEGAR

A praia do Espelho está 25 km ao sul de Trancoso. A Fazenda Calá fica na praia do Espelho, (73) 3668-5112, www.fazendacala.com.br.

SAIBA MAIS

www.outeiro.com.br é a chance de chamar a praia do Espelho de sua. O link leva ao empreendimento imobiliário Outeiro das Brisas.

TADEU LUBAMBO

UM AMOR E UM BANGALÔ

NANNAI BEACH RESORT

Fazenda da Lagoa (Una, BA)

Kiaroa Eco-Luxury Resort (Península de Maraú, BA)

Nannai Beach Resort (Porto de Galinhas, PE)

Pousada Maravilha (Fernando de Noronha, PE)

Tauana (Ponta do Corumbau, BA)

Toca da Coruja (Praia da Pipa, RN)

Txai Resort (Itacaré, BA)

Vila Galé Marés (Guarajuba, BA)

Vila Kalango (Jericoacoara, CE)

Villa Bebek Hotel (Camburi, SP)

CONSULTÓRIO SENTIMENTAL DE TATI BERNARDI

O bangalô tem cheiro de flores. A vista é para um mar tão azul que faz arder os olhos. Em cima da cama, esperando por vocês, balinhas e chocolates em forma de coração. Aí você pensa: tudo tão perfeito, mas daqui a pouco eu vou querer fazer "totô" no único banheiro do quarto e estragar tudo. Nada disso: pouco charmoso é travar seu intestino e ficar no maior mau humor. Ligar o chuveiro e fingir que se trata apenas de um cheiroso banho demorado ainda é a melhor saída. Aproveite e tome banho de verdade!

DIVULGAÇÃO

DIVULGAÇÃO

007

FAZENDA DA LAGOA

(Una, BA)

A estrada que sai de Ihéus e segue na direção sul é toda margeada por coqueiros e quase nada de civilização – cenário ideal para uma pousada que mais parece um refúgio. Ricardo Freire esteve lá para conferir.

"Poucos pontos do litoral baiano têm uma densidade demográfica tão baixa quanto a de Una, ao sul de Ilhéus. Aqui ainda predominam as fazendas de coco e dendê, os manguezais continuam intocados e há trechos remanescentes de mata Atlântica. Era ou não era o cenário perfeito para a artista plástica carioca Mucki Skowronski abrir a sua Fazenda da Lagoa, uma pousada de luxo na linha exclusiva? Os bangalôs, enormes e decorados pela própria artista, têm um quê de anos 1960 bem apropriado ao astral. O charme começa logo na chegada: é preciso atravessar o rio Aliança de canoa. A qualquer hora, um pique-chique (ei, é um piquenique fino...) é montado à beira da lagoa. E se você (como eu) não gostar do tom caramelo do mar, pode fixar seu olhar na piscina de vidrotil verde-escuro, uma das mais bonitas do país."

COMO CHEGAR

Rodovia Una–Ilhéus (BA-001), km 18, (73) 3236-6137, www.fazendadalagoa.com.br.

SAIBA MAIS

www.ecoparque.org.br é o site do Ecoparque de Una, um lugar de preservação da mata Atlântica onde passarelas foram construídas na copa das árvores, a 25 metros do chão. Com sorte você pode avistar um mico-leão-de-cara-dourada.

008

KIAROA ECO-LUXURY RESORT

(Península de Maraú, BA)

Imagine-se decolando de Salvador num pequeno avião e deixando para trás a baía de Todos os Santos, o Pelourinho, para depois de 35 minutos aterrissar a poucos metros de um bangalô chiquérrimo numa península com praias paradisíacas e semidesertas. O Kiaroa, "pérola-negra" em balinês, foi inspirado no astral rústico-chique das paisagens do Taiti. Sem rodeios: é luxo só. Os bangalôs maiores têm piscina privativa, TV de plasma de 42 polegadas e ficam de frente para o mar. E não é qualquer mar – estamos falando de Taipus de Fora, a praia mais linda da península de Maraú.

COMO CHEGAR

Além do avião, também é possível seguir de carro até Camamu (quatro horas de Salvador) e depois de barco até a vila de Barra Grande (uma hora e meia). O Kiaroa fica na praia de Bombaça, (71) 3272-1320, www.kiaroa.com.br.

SAIBA MAIS

www.barragrande.net traz dicas de passeios na região.

RICARDO FREIRE

DIVULGAÇÃO

009

NANNAI BEACH RESORT
(Porto de Galinhas, PE)

Os bangalôs construídos em palafitas sobre o mar da Polinésia serviram de inspiração para o Nannai – ali eles estão em terra firme, mas foram erguidos sobre um espelho d'água. Para uma lua-de-mel ainda mais perfeita, vale a pena investir no bangalô master, de frente para o mar, com hidro e piscina privativa. Embora seja um resort e tenha a estrutura eficientíssima de um, o Nannai não tem o clima "colônia de férias" de muitos resorts. Há piscina, aula de hidroginástica, rede de vôlei, quadra de tênis e recreação, mas ninguém vai ficar insistindo para você participar. Difícil é sair do bangalô, mas reserve um tempinho para passear de jangada até as piscinas naturais que se formam na maré baixa.

COMO CHEGAR

Porto de Galinhas está a 70 km do Recife. O acesso ao Nannai é pelo km 2 da PE-009, Muro Alto, (81) 3552-0100, www.nannai.com.br.

SAIBA MAIS

www.beijupira.com.br não é só o link do Beijupirá, o melhor restaurante de Porto de Galinhas, é também uma delícia de site. Peça um Beijupitanga: filé de beijupirá na chapa, batata temperada, arroz com castanha-de-caju e molho de pitanga. De sobremesa, crepe de filhoses com sorvete de tapioca, calda de mel de engenho perfumada com cachaça e farofa de castanha-de-caju. O nome dessa delícia? Aussuba, que em tupi quer dizer "amor".

TADEU LUBAMBO

TADEU LUBAMBO

DIVULGAÇÃO

010 POUSADA MARAVILHA

(Fernando de Noronha, PE)

Ali, nenhum detalhe é obra do acaso. Até o fato de você poder ver o mar mesmo deitado na cama foi cuidadosamente arquitetado – fenômeno similar acontece debaixo do chuveiro. Se do bangalô a paisagem que se descortina já é perfeita, espere só até chegar ao deque da piscina, com espreguiçadeiras e uma irretocável vista panorâmica para a praia do Sueste. A pousada capricha na decoração (que faz o estilo clean, com móveis de palha, junco, cipó e bambu) e nas mordomias (arrumadeiras penduram suas roupas e depois fazem as malas na hora de você ir embora). E, mesmo com um home-theater no quarto, não vai ter experiência sensorial que seja páreo à do ofurô na varanda, com aquele mar naturalmente widescreen. Só há um grande risco para quem se hospeda ali: esquecer que há muito o que fazer do lado de fora do bangalô, como descer a escadinha vertiginosa que leva à baía do Sancho, uma das praias mais lindas do Brasil.

COMO CHEGAR

Há vôos diários partindo de Natal e do Recife. A Pousada Maravilha fica na BR-363 (a título de curiosidade: é a menor BR do Brasil, com 7,9 km de extensão), Sueste, (81) 3619-0028, www.pousadamaravilha. com.br.

SAIBA MAIS

www.noronha.pe.gov.br explica direitinho como funciona a taxa que você vai ter que pagar por cada dia que permanecer na ilha.

011

TAUANA

(Ponta do Corumbau, BA)

O rústico, nas cabanas, limita-se à construção de pau-a-pique coberta com piaçava e argila branca da praia. Da porta para dentro, a história é outra: cama king-size, lençóis de algodão egípcio e peças de design dos anos 1960 e 1970. Nada de televisão – no máximo, internet banda larga. E não há quem não caia de amores com tamanha tranqüilidade e com o azul profundo do mar quase na porta.

COMO CHEGAR

Está a 77 km de Cumuruxatiba, por uma estrada com trechos lindos – como a Barra do Caí, onde Cabral teria aportado –, mas precária (pode ficar instransitável com chuva). Também dá para pegar um barco em Cumuruxatiba ou Prado. A Tauana fica na Fazenda Riacho Grande, estrada Corumbau–Veleiro, (73) 3668-5172, www.tauana.com.br.

SAIBA MAIS

www.cumuru.com.br traz dicas de passeios como mergulho nos corais, observação de baleias e visita ao Parque Nacional do Monte Pascoal.

DIVULGAÇÃO

DIVULGAÇÃO

RICARDO FREIRE

012 TOCA DA CORUJA

(Praia da Pipa, RN)

Tem o astral de uma casa de fazenda, só que na praia, com bangalôs sobre palafitas construídos com portas e janelas de demolição. Do lado de fora, um solário íntimo com hidro, espreguiçadeira e ducha com aquecimento solar é um cantinho ideal para curtir a dois. No variado café-da-manhã, os quitutes são preparados no fogão a lenha. A praia do Amor fica pertinho dali e tem uma geografia que inspira os apaixonados.

COMO CHEGAR

Praia da Pipa está a 85 km de Natal. A Toca da Coruja fica na avenida Baía dos Golfinhos, 464, (84) 3246-2226, www.tocadacoruja.com.br.

SAIBA MAIS

www.pipa.com.br; clicando em Passeios você encontra informações sobre o Santuário Ecológico de Pipa, uma área preservada de mata Atlântica com trilhas e mirantes.

013 TXAI RESORT
(Itacaré, BA)

RICARDO FREIRE

Tem uma praia quase privativa, com bangalôs espalhados por um imenso coqueiral. Em tudo há um toque de bom gosto – no dossel de tule branco sobre uma cama gigante que reina soberana no meio do quarto, no jardim impecável, no toque balinês das acomodações. Para relaxar, entregue-se a uma massagem super-relaxante ou a um banho aromático de ofurô; aulas de alongamento e ioga completam o clima zen. A praia de Itacarezinho é praticamente exclusiva do resort, mas há outras igualmente deliciosas para serem exploradas na região: Itacaré fica em área de preservação ambiental e tem natureza praticamente intocada, coisa rara em outros pontos da costa.

COMO CHEGAR

Itacaré está 70 km ao norte de Ilhéus. O Txai fica na rodovia Ilhéus–Itacaré, km 48, (73) 2101-5000, www.txai.com.br.

SAIBA MAIS

www.itacare.com é um portal bem completo, com dicas de restaurantes e baladas na vilinha de Itacaré.

014 VILA GALÉ MARÉS
(Guarajuba, BA)

Tudo bem que os bangalôs são lindos, decorados com muito bom gosto. Mas apostamos que vocês vão gostar mais é de ficar no spa Satsanga. Já imaginou você e sua cara-metade numa suíte-spa, recebendo ao mesmo tempo massagem com pedras quentes e, lá pelas tantas, sendo providencialmente deixados a sós para que aproveitem a piscininha aquecida, a cama deliciosa e aquele clima *sexy thing*?

COMO CHEGAR

Está a 83 km de Salvador. O Vila Galé Marés fica na praia de Guarajuba, (71) 3674-8300, www.vilagale.com.br.

SAIBA MAIS

www.projetotamar.org.br é o site do projeto que estuda e preserva a vida das tartarugas marinhas. A base fica ali perto, na praia do Forte.

DIVULGAÇÃO

DIVULGAÇÃO

015

VILA KALANGO

(Jericoacoara, CE)

Num primeiro momento, pode parecer apenas um bangalô rústico-chique sobre palafitas numa das praias mais lindas do mundo. Mas bastam poucos minutos para você descobrir que o seu bangalô rústico-chique sobre palafitas numa das praias mais lindas do mundo é também um camarote: de um lado você avista o mar, e, do outro, a duna do Pôr-do-Sol, o cartão-postal por excelência de Jeri. É tarefa fácil se apaixonar num lugar como esse. Difícil vai ser escolher onde relaxar mais, se nos almofadões, esteiras e redes da sala de estar em meio a um coqueiral ou na deliciosa piscina de pastilhas avermelhadas.

COMO CHEGAR

De Fortaleza até Jijoca de Jericoacoara são 296 km. De lá, os últimos 23 km passam pelas dunas, a bordo de uma jardineira ou de um bugue. A Kalango fica na rua das Dunas, 30, (88) 3669-2290, www.vilakalango.com.br.

SAIBA MAIS

www.jericoacoara.tur.br tem dicas de passeios na região.

DIVULGAÇÃO

016

VILLA BEBEK HOTEL
(Camburi, SP)

As cabanas do Villa Bebek estão dispostas ao redor de uma piscina em formato de rio. Ao lado dela, um gazebo de miçangas, todo cheio de almofadas, é um convite para o relax total. O jardim é super bem-cuidado, com redes deliciosas para se largar. Mas só fica parado quem quiser. Uma infra completa de wellness – que inclui sala de ginástica, banhos terapêuticos e massagens – está sempre à disposição.

COMO CHEGAR

Camburi pertence ao município de São Sebastião, a 167 km de São Paulo. O Villa Bebek fica na rua Zezito, 251, (12) 3865-3320, www.villabebek.com.br.

SAIBA MAIS

www.costadosalcatrazes.com.br reúne informações sobre as principais praias do litoral norte de São Paulo.

DIVULGAÇÃO

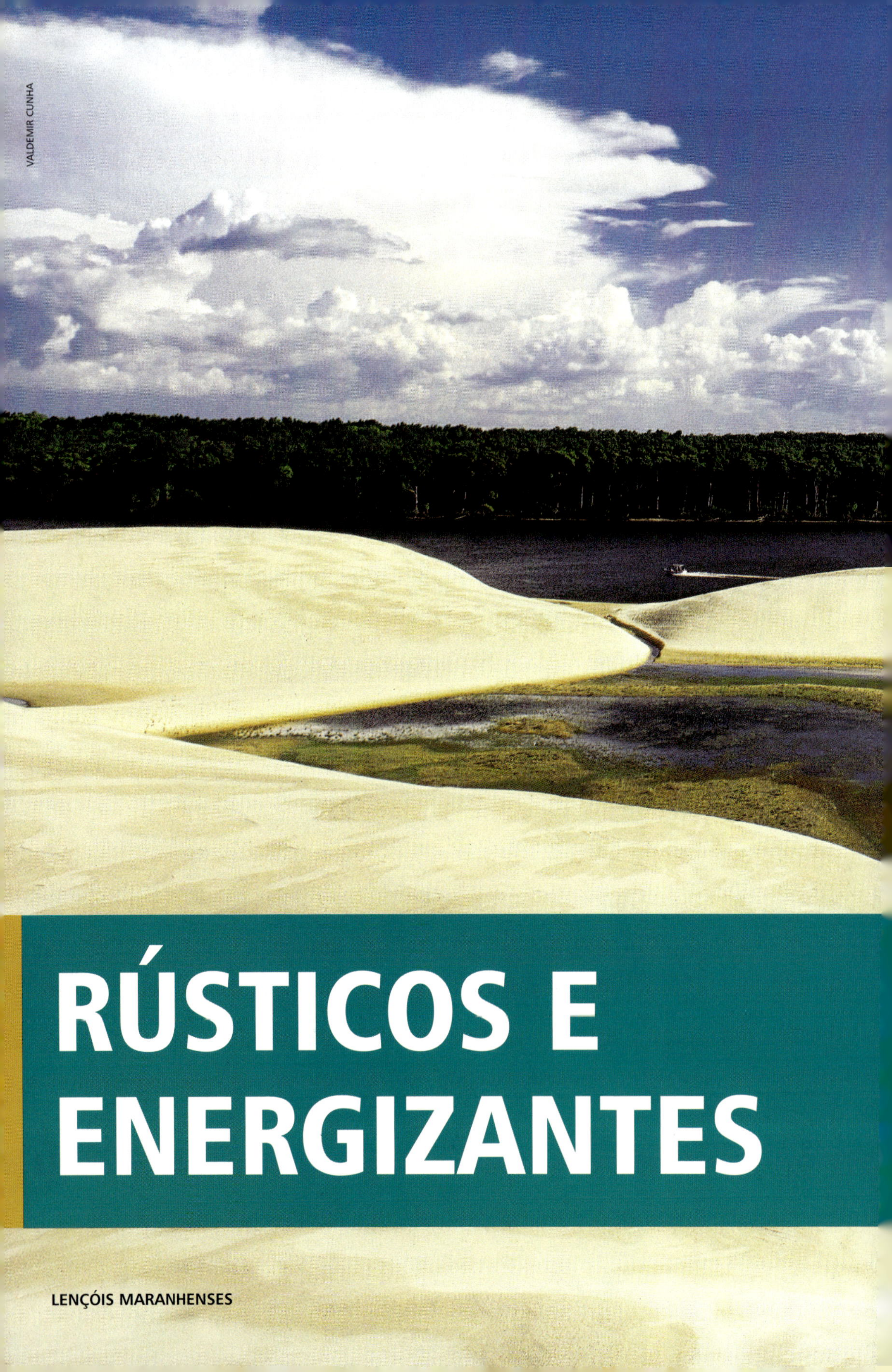

VALDEMIR CUNHA

RÚSTICOS E ENERGIZANTES

LENÇÓIS MARANHENSES

Cambará do Sul (RS)

Caraíva (BA)

Chapada Diamantina (BA)

Chapada dos Veadeiros (GO)

Ilha do Caju (MA)

Ilha do Mel (PR)

Lençóis Maranhenses (MA)

Pantanal (MS)

CONSULTÓRIO SENTIMENTAL DE TATI BERNARDI

Você é louco por um perrengue e ela é zero aventura? A solução é o caminho do meio, como diria Buda. Nem aquela sua barraca velha nem um resort top de linha. Em último caso, se essas diferenças não ficarem pequenas depois de uma noite de amor embalada pela citronela, não há nada que uma boa cachoeira não resolva.

MARCELO CURIA

017

CAMBARÁ DO SUL
(RS)

Próximos a essa pequena cidade serrana ficam os parques nacionais de Aparados da Serra e da Serra Geral – e o que tem de mais delicioso e energizante por ali é caminhar por qualquer um dos cânions que rasgam as paisagens. Imagine acordar cedinho, calçar botas bem confortáveis e sair andando pelo topo desses imensos paredões (ou por dentro dos cânions, na zona de mata Atlântica). A melhor época para ir a Cambará do Sul é durante o inverno, quando a neblina e as nuvens interferem menos na paisagem. Fique no Parador Casa da Montanha, com barracas tipo "luxo", que têm direito a hidro na varanda.

COMO CHEGAR

Cambará do Sul está a 202 km de Porto Alegre. O Parador Casa da Montanha fica na estrada para o Parque Nacional de Aparados da Serra, Fazenda Camarinhas, (54) 3504-5302, www.paradorcasadamontanha.com.br.

SAIBA MAIS

www.bemtevibrasil.com.br/ausentes.html é o site para quem quer continuar subindo a serra gaúcha até chegar a seu ponto mais alto, em São José dos Ausentes.

MARCELO CURIA

018

CARAÍVA
(BA)

Para chegar a essa península você precisa pegar uma estrada precária, estacionar o carro na margem de um rio e, então, atravessá-lo de canoa. As ruas são de areia da praia, e a luz elétrica ainda não chegou. À noite, o silêncio só é quebrado pelo barulho dos geradores e, na temporada, também pelo som do forró, onde todo mundo dança bem agarradinho. Já faz algum tempo que a vila tem pousadas com boa dose de conforto – e, de todas, a que mais tem a cara e o astral de Caraíva é a Flor do Mar, na beira da praia. Os quartos, à luz de velas, estão sempre arejados pela brisa.

COMO CHEGAR

Caraíva está a 39 km de Trancoso. A Flor do Mar fica na beira d'água de Caraíva, (73) 9985-1608.

SAIBA MAIS

www.caraiva.com.br tem dicas de passeios, como andar até a praia do Espelho e subir o rio Caraíva de barquinho.

RICARDO FREIRE

VALDEMIR CUNHA

019 CHAPADA DIAMANTINA
(BA)

JEFERSON DE SOUSA

Muitas paisagens da Chapada Diamantina parecem ter saído de um livro de Julio Verne. São cachoeiras que despencam de cânions, rios de águas avermelhadas, grutas com lagos translúcidos, cavernas que parecem ter sido esculpidas por um Gaudí ancestral, um cemitério bizantino e por aí vai. É tanta coisa para ver e fazer que muita gente vem mais de uma vez (em qualquer uma delas, não perca a subida ao morro do Pai Inácio na hora do pôr-do-sol). A base para os passeios é a pequena cidade de Lençóis, com pousadas simples e aconchegantes como a Alcino Atelie Hostalage, que serve um café-da-manhã fenomenal.

COMO CHEGAR

Lençóis está a 394 km de Salvador. A Alcino Atelie Hostalage fica na rua Tomba Surrão, 139, Tomba, (75) 3334-1171, www.alcinoateliehost.com.br.

SAIBA MAIS

www.guialencois.com é um bom começo para planejar os passeios.

020

CHAPADA DOS VEADEIROS

(GO)

DIVULGAÇÃO

A região onde está a Chapada é tida como o coração magnético do Brasil, e por conta desse lado místico muita gente veio e acabou fincando raízes por aqui. Mas o grau de fé ou ceticismo dos visitantes é o que menos importa. Não tem como ficar indiferente ou deixar de se apaixonar numa paisagem como essa. São dezenas de cachoeiras, muitas com deliciosas piscinas naturais, saltos formados pelo rio Preto e, dentro da área de um parque nacional, uma trilha que leva aos cânions desse mesmo rio. As planícies com buritis e montanhas ao fundo são um convite à calmaria e à contemplação apaixonada. A cidade de São Jorge tem um bom astral de hospedagem, exemplo disso é a pousada Casa das Flores e fica mais perto da entrada do parque.

FRANÇOIS CALIL

COMO CHEGAR

Alto Paraíso de Goiás está a 428 km de Goiânia e 229 km de Brasília. A Pousada Casa das Flores fica no município de São Jorge, a 36 km, na rua 10, quadra 2, lote 14, (61) 3455-1055, www.pousadacasadasflores.com.br.

SAIBA MAIS

www.chapada.com traz informações sobre passeios na região.

ANA ARAUJO

DIVULGAÇÃO

021 ILHA DO CAJU
(MA)

Passeio sob medida para quem faz o tipo aventureiro. A natureza da ilha, localizada no delta do Parnaíba, é tão variada quanto preservada: dunas, mangues, lagoas, praias desertas e, para não negar o nome, muitos cajueiros. O barato é andar a cavalo, fazer caminhadas, sair para avistar jacarés, andar de caiaque pelos igarapés e se refrescar num banho de mar ou de lagoa. O único hotel é o Refúgio Ecológico Ilha do Caju, que funciona num casarão construído pelos jesuítas no século XVII. As acomodações são rústicas e o chuveiro é de água fria – luxo, ali, fica por conta da natureza praticamente intocada.

COMO CHEGAR

Levam-se três horas de barco ou uma hora de voadeira a partir de Parnaíba, no Piauí. O Refúgio Ecológico Ilha do Caju fica no município de Araioses, (86) 3321-1179, www.ilhadocaju.com.br.

SAIBA MAIS

www.parnaiba.com.br traz informações sobre a cidade portuária de Parnaíba. Aproveite para ler mais sobre passeios pelo delta, o único das Américas em mar aberto.

022

ILHA DO MEL
(PR)

Há pelo menos duas maneiras de chegar à ilha do Mel partindo de Curitiba: a mais fácil e a mais romântica. A mais fácil é seguir de carro por uma boa estrada até Pontal do Sul e de lá pegar o barco que leva em trinta minutos até a ilha. A mais romântica é pegar um trem que segue pela encosta da serra do Mar e passa por paisagens deslumbrantes – poucas vezes na vida você terá visto tanta variedade de mata Atlântica. O ponto final é Paranaguá, de onde saem os barcos para a ilha, em uma hora e meia de travessia. Mesmo tendo um certo agito na temporada, o astral ainda é exclusivo. Que o digam o solitário Farol das Conchas, a Fortaleza Nossa Senhora dos Prazeres e as longas enseadas, deliciosas para uma caminhada, muitas vezes sem cruzar com vivalma. A Pousada Praia do Farol tem vista para o mar e fica quase ao lado do trapiche onde atracam os barcos.

COMO CHEGAR

De Curitiba até Pontal do Sul são 95 km. Para informações sobre o trem, consulte www.serraverdeexpress.com.br. Para horários dos barcos, (41) 3426-9091. A Pousada Praia do Farol fica em Nova Brasília, (41) 3426-8014, www.praiadofarol.com.br.

SAIBA MAIS

www.ilhadomelonline.com.br localiza as principais atrações da ilha.

DIVULGAÇÃO

023

LENÇÓIS MARANHENSES
(MA)

Você olha pela janela do avião e tem a nítida sensação de que foi parar num mundo de areia – a paisagem se parece, sim, com lençóis estendidos numa displicência planejada para cobrir a superfície da terra por igual. Dá para namorar à vontade no deserto de dunas pontilhado aqui e ali por lagoas de águas verdes que só aparecem no período das chuvas, entre abril e setembro. Faça um passeio de barco pelo rio Preguiças (o nome inspira) e reserve um dia para, em Atins, comer no restaurante da Luzia. Ela prepara o camarão assado mais graúdo, delicioso, fresco e sedutor da região.

COMO CHEGAR

Barreirinhas, a 252 km de São Luís, é a cidade que tem mais hotéis, como o Porto Preguiças Resort, Carnaubal Velho, (98) 3349-1912, www.portopreguicas.com.br. O restaurante da Luzia fica em Atins, 1h15 de lancha de Barreirinhas mais quarenta minutos de caminhada sob o sol – vale a pena!

SAIBA MAIS

www.turismo.ma.gov.br traz serviços e detalhes dos passeios.

024 PANTANAL (MS)

Perfeito para quem marca com "x" a resposta "lugares remotos" quando se trata de férias a dois. De preferência onde haja programas tão diferentes quanto acordar às seis da manhã para observar pássaros, sair para um safári fotográfico ou acompanhar peões em comitivas de gado. E também para quem, lá pelas tantas, quer algumas mordomias, como ar-condicionado no quarto, relax nas espreguiçadeiras e uma piscina para se refrescar – há tudo isso no Refúgio Ecológico Caiman, que se inspirou nos lodges africanos ao misturar boas doses de conforto ao lado rústico da região.

DIVULGAÇÃO

COMO CHEGAR

De Campo Grande a Miranda são 218 km. O Refúgio Ecológico Caiman fica cerca de 40 km depois do trevo de Miranda em direção a Agachi, (11) 3706-1800, www.caiman.com.br.

SAIBA MAIS

www.araquem.com.br é o site do fotógrafo Araquém Alcântara, especialista em registrar a natureza. Veja a galeria de fotos do Pantanal e inspire-se para a hora de fazer seus próprios cliques.

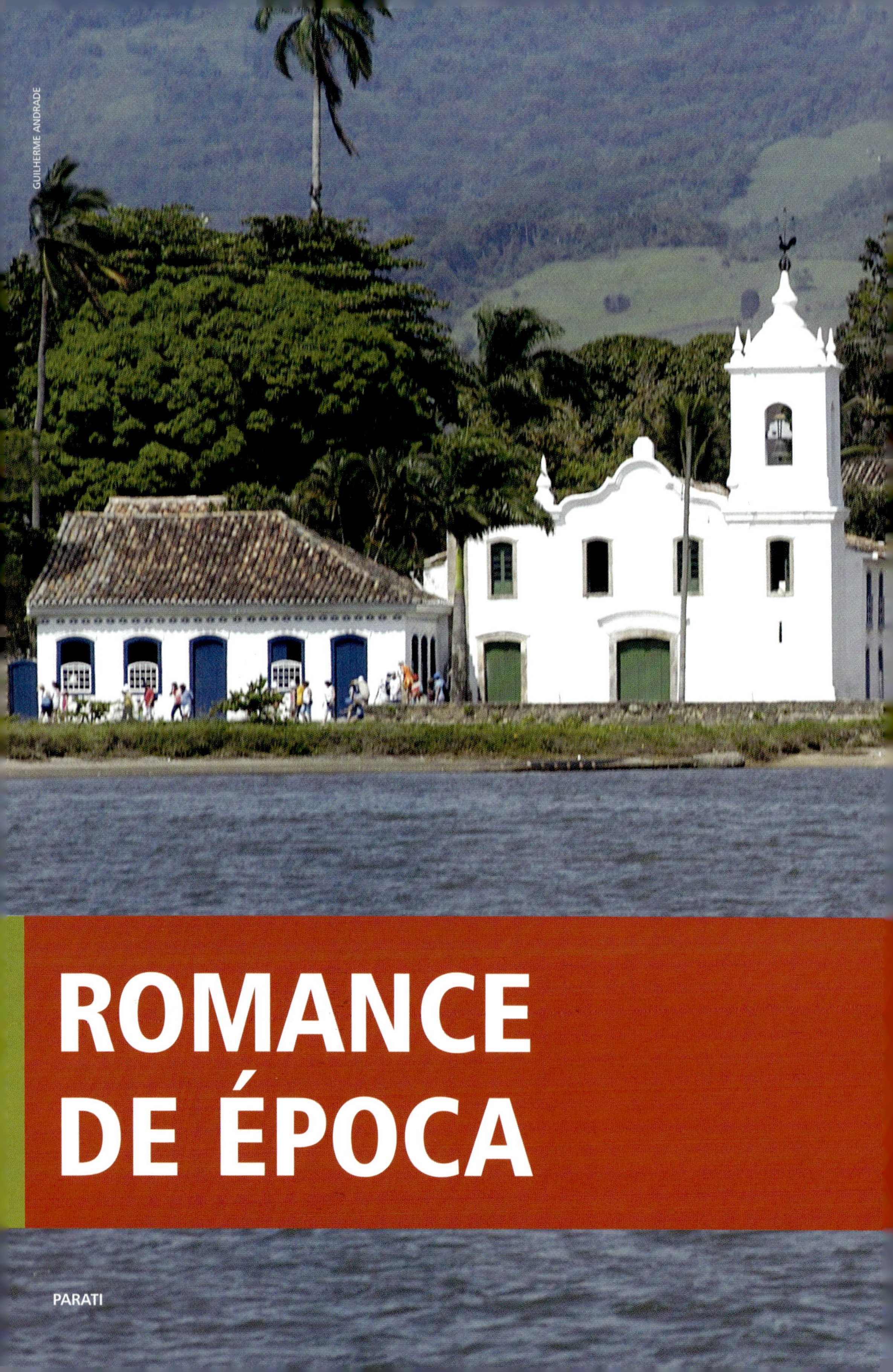

GUILHERME ANDRADE

ROMANCE DE ÉPOCA

PARATI

Olinda (PE)

Parati (RJ)

Salvador (BA)

Tiradentes (MG)

CONSULTÓRIO SENTIMENTAL DE TATI BERNARDI

Homens mais tradicionais vão preferir o papel da conquista. Ou seja: escolher o lugar, pagar, cuidar de tudo. A opção dividir também é bem-vinda, ainda que não seja das mais românticas no começo de um relacionamento. Se bem que, com tanto céu estrelado de graça por aí, quem disse que romance é uma questão de quem paga o quê? Caso o bonitão mande você deixar a carteira em casa, relaxe e aproveite. Velhos costumes podem ser deliciosos.

RICARDO FREIRE

025 OLINDA
(PE)

Ela já foi capital do estado pernambucano, mas ainda preserva uma irresistível atmosfera de cidade interiorana. Para conhecê-la, melhor mesmo é esquecer o carro e percorrer a pé o sobe-desce das ladeiras. A rua do Amparo concentra diversos ateliês, museus e uma gostosa pousada que leva o nome da rua. O altar-mor da Basílica de São Bento, folheado a ouro, já foi exposto no museu Guggenheim de Nova York. No Alto da Sé, com o mar azul e o Recife ao fundo, peça uma água de coco e aproveite para fazer juras de amor.

COMO CHEGAR

É quase um bairro do Recife – apenas 10 km separam as duas cidades. A Pousada do Amparo fica na rua do Amparo, 199, (81) 3439-1749, www.pousadadoamparo.com.br.

SAIBA MAIS

www.olindavirtual.net descreve as principais atrações e ainda tem um mapa da folia para aproveitar durante o Carnaval.

026

PARATI

(RJ)

Casinhas coloniais, ruas de pedras irregulares e praias que se escondem não muito longe dali: tudo em Parati inspira romance. Uma vez por ano, no inverno, o charme é ainda maior quando lendas vivas da literatura se reúnem durante a Flip, a Festa Literária de Parati. Hospede-se com simplicidade e muito aconchego na Pousada Pardieiro, formada por diversas casas centenárias – o clima é de deleite e tranqüilidade. Você e seu amor vão adorar a sala de leitura, os avarandados, a piscina e o agradável jardim tropical. E, quando quiser um pouco mais de movimento, basta pisar na rua para sair em pleno centro histórico. Ande devagar, repare nas fachadas, curta cada passo: Parati não merece pressa.

COMO CHEGAR

Está a 256 km do Rio de Janeiro e 307 km de São Paulo pela estrada Rio–Santos. A Pardieiro fica na rua do Comércio, 74, (24) 3371-1370, www.pousadapardieiro.com.br.

SAIBA MAIS

www.paraty.com.br reúne história, serviços e reportagens. Para a programação completa da Flip consulte **www.flip.org.br**.

GUILHERME ANDRADE

BIA PARREIRAS

027

SALVADOR
(BA)

É no Pelourinho que a herança arquitetônica da primeira capital do Brasil está mais bem preservada. Igrejas e sobrados, muitos transformados em galerias de arte, lojas e restaurantes, caem nas graças de todos que vão à Bahia. E foi em um desses edifícios históricos, erguido em 1586, que o hotel Convento do Carmo abriu as portas, em 2005. Ricardo Freire se hospedou lá e concluiu: "o Copacabana Palace já tem um rival à altura para o posto de hotel mais charmoso do país". E mais:

"Só quando você chega ao segundo claustro é que o hotel se revela por inteiro. Aos poucos: primeiro você percebe que a fonte central não é fonte – é uma piscina. Então, você vê onde estão o bar e, do outro lado, o restaurante. De repente, o que era monástico se torna incrivelmente elegante. Onde quer que esteja, você primeiro se sente num convento, e só num segundo momento percebe o hotel cinco-estrelas que se instalou por ali.

OTAVIO DIAS DE OLIVEIRA

O melhor exemplo disso é a forma pela qual se decidiu manter a piscina. À primeira vista – e provavelmente à segunda e à terceira também –, o espelho-d'água no centro do segundo claustro é uma fonte. Se ninguém ainda tiver tomado a iniciativa de entrar na água, você provavelmente vai querer perguntar antes se é possível mergulhar. Mesmo quando tiver certeza de que a fonte é uma piscina, talvez você prefira ficar descansando à sombra do seu gazebo, beliscando os petiscos que o garçom vai trazer num jogo de porcelana portuguesa Vista Alegre, decorado com motivos do artista brasileiro Romero Brito.

Os quartos não são nada monásticos. Os menos caros ficam no sótão e valem a economia: são os mais aconchegantes. Os mais caros são maiores e vêm em dois formatos: horizontal (os mais caretas) ou dúplex (os mais divertidos). A decoração remete ao passado – muitos objetos foram arrematados num leilão de antiguidades na Dinamarca –, mas sem nunca resvalar no rococó. A TV widescreen e a conexão à internet banda larga trazem você de volta ao século XXI no momento em que desejar. Uma caixinha sobre a mesa guarda dois escapulários – um do menino Jesus, outro de Nossa Senhora. No armário, você vai encontrar dois pares de Havaianas brancos para usar no spa e na piscina. Tudo é sóbrio, porém extremamente aconchegante. Depois da primeira noite, você não entende duas coisas: (a) como aquilo um dia já foi chamado de "cela"?, e (b) se claustro é isso, como é possível sentir claustrofobia?"

COMO CHEGAR

Há vôos diretos para Salvador partindo das principais capitais brasileiras. O Convento do Carmo fica na rua do Carmo, Pelourinho, (71) 3327-8400, www.pousadas.pt.

SAIBA MAIS

www.bahia.com.br é um portal de fácil navegação com informações sobre a capital e as principais áreas turísticas do estado.

RICARDO FREIRE

BIA PARREIRAS

RICARDO FREIRE

PEDRO MOTTA

028

TIRADENTES
(MG)

Muitos acreditam que a cidade de Tiradentes dá um banho de charme em qualquer outro lugar do circuito histórico de Minas – e podem ter razão. Charretes ainda circulam pelas ruas de pedra, uma maria-fumaça leva a São João del Rei e, de onde quer que se olhe, a serra de São José aparece sempre bela, nos arredores da cidade. Quando der vontade de sair do Solar da Ponte, o hotel mais romântico do pedaço, aventure-se de mãos dadas pelos ateliês e antiquários em busca de boas compras. A cozinha local é outro capítulo que merece dedicação: prove o viradinho do restaurante Viradas do Largo e, de sobremesa, experimente os canudinhos de doce de leite do Chico Doceiro. Todo mundo sabe onde fica.

COMO CHEGAR

Está 196 km ao sul de Belo Horizonte. O Solar da Ponte fica na praça das Mercês, (32) 3355-1255, www.solardaponte.com.br. O Viradas do Largo, na rua do Moinho, 11, (32) 3355-1111.

SAIBA MAIS

www.portaltiradentes.com.br traz história e dicas de serviço da cidade.

PEDRO MOTTA

ALEXANDRE SANTANNA

QUANTO MAIS QUENTE MELHOR

ILHA GRANDE

Arraial do Cabo (RJ)

Barra do Sahy (SP)

Estaleirinho (SC)

Ilha Grande (RJ)

Lagoinha de Ponta das Canas (SC)

Praia do Rosa (SC)

Santo André (BA)

São Miguel dos Milagres (AL)

Trancoso (BA)

CONSULTÓRIO SENTIMENTAL DE TATI BERNARDI

Você é a mais gostosa, a mais desejada, a mais charmosa, e seu cônjuge nunca olha para os lados. Esse contexto só combina com uma praia deserta. Mas se a escolha da viagem for um lugar badalado, prepare-se para dividir a atenção com outras moçoilas... inclusive aquelas odiosas, altas, saradas e sem celulite. A notícia boa é que, se ainda assim ele só tiver olhos para você, tenha certeza de estar vivendo uma autêntica história de amor. Isso, sim, é viagem romântica (e um bom teste)!

ALEXANDRE SANT'ANNA

029 ARRAIAL DO CABO

(RJ)

Se Brigitte Bardot tivesse visitado Arraial do Cabo, a história hoje talvez fosse outra. Arraial fica a 35 km de Búzios, mas preserva uma tranqüilidade bem maior – e preços menores – que sua vizinha chique. Bruno Agostini esteve lá para revelar alguns segredos ainda razoavelmente guardados.

"Ao contrário de Búzios, ninguém cruza com um famoso a cada esquina. O visitante regular mais ilustre é a atriz global Flávia Alessandra, nascida ali, que se hospeda na pousada Capitão n'Areia – de propriedade da família da artista, é uma das melhores da cidade. Fica logo ao lado do marco histórico, debruçada sobre a praia dos Anjos e com vista para o cais. A um passo da areia estão as mesas do Porto das Delícias, restaurante com cardápio brasileiro e toques orientais – o ambiente mais romântico de Arraial do Cabo. É o complemento mais que perfeito para depois de apreciar o poente no pontal do Atalaia: um clássico, programa preferido dos fins de tarde dos casais que se sentam nas encostas para se despedir do sol, que se deita lentamente no mar e colore todo o horizonte."

COMO CHEGAR

Está a 170 km do Rio de Janeiro, na Região dos Lagos. A Pousada Capitão n'Areia fica na rua Santa Cruz, 7, praia dos Anjos, (22) 2622-2720, www.capitaopousada.com.

SAIBA MAIS

www.arraial.rj.gov.br traz fotos lindíssimas das praias de Arraial.

030 BARRA DO SAHY (SP)

Uma enseada em forma de ferradura, com muito verde, e um mar que é uma piscina de tão calminho fazem de Barra do Sahy uma das praias mais deliciosas do litoral norte de São Paulo. No lado esquerdo, sempre o mais bochichado, um riozinho ótimo para um mergulho deságua no mar. Dali, atravesse uma ponte sobre a água para chegar à Capela da Vila Caiçara. Enquanto isso, debaixo do guarda-sol, basta um estalar de dedos para que caipirinhas, águas de coco e sanduíches naturais venham até vocês. O lado direito, mais selvagem, é também mais sossegado. Na temporada e nos fins de semana, uma tenda de massagem fica a postos na areia para deixar o clima ainda mais relax.

COMO CHEGAR

Fica em São Sebastião, a 159 km de São Paulo pelo sistema Anchieta–Imigrantes.

SAIBA MAIS

www.canoa.com.br/discovery.htm é o site para conhecer os passeios de barco que levam até As Ilhas e Ilhas das Couves, saindo da Barra do Una.

BIA PARREIRAS

031

ESTALEIRINHO
(SC)

Se você ainda pensa em Balneário Camboriú como uma provecta colônia de férias do litoral catarinense, pode rever seus conceitos. Balneário é cidade cabeça-aberta. Além de uma vida noturna que atrai gente de todo canto do estado, tem praia de naturismo (a do Pinho) e foi pioneira em clubes de troca de casais. Tamanho avanço não exclui a comodidade e o aconchego para quem vai a dois: ali fica o Parador Estaleiro, um dos hotéis mais charmosos dos mares do Sul do Brasil. Além da piscina e dos recantos deliciosos para tomar um champanhe com vista para o mar (a adega da pousada reúne quatro mil garrafas de vinho), tem cinema para assistir a um filme abraçadinhos.

ARTHUR CAVALIERI / STRANA

COMO CHEGAR

A 80 km de Florianópolis e 5 km do centro de Balneário Camboriú. O Parador Estaleiro fica na rua Victorio Formerolle, 654, (47) 3261-6661, www.paradorestaleiro.com.br.

SAIBA MAIS

www.unipraias.com.br mostra detalhes do passeio de teleférico que sai de Balneário Camboriú e desce na praia das Laranjeiras.

SERGIO PINHEIRO

DIVULGAÇÃO

032

ILHA GRANDE

(RJ)

Você tem fantasia com uma ilha inteira para você e seu amor? Pois ainda que a baía de Ilha Grande receba muita gente, você consegue encontrar nela cantinhos quase desertos em praias que parecem ter saído da tela do cinema. Para ganhar o título de namorado (a) do ano, programe o pernoite num barco no Saco do Céu e brinque de contar as estrelas refletidas na água. A pousada mais charmosa e bem decorada da ilha é a Sítio do Lobo, com acesso apenas por barco.

COMO CHEGAR

As barcas para a ilha da Vila do Abraão saem de Mangaratiba ou Angra dos Reis, em uma hora e meia de travessia. A pousada Sítio do Lobo fica a dez minutos de barco da Vila, (24) 3361-4438, www.sitiodolobo.com.br.

SAIBA MAIS

www.ilhagrande.com é um portal bem completo com serviços e belas fotos de Ilha Grande.

033

LAGOINHA DE PONTA DAS CANAS (SC)

Você e seu amor acordam de manhãzinha, abrem a janela e dão aquela espreguiçada na varanda, com o mar ali na frente. Olham um para o outro e esperam para ver quem vai fazer a proposta indecente: andar na praia e dar um mergulho antes do café ou esquecer do mundo e ficar mais um pouco na cama. São esses os dilemas de quem vai a dois para a Pousada da Vigia, debruçada sobre as pedras no costão da praia da Lagoinha de Ponta das Canas. O mar, tranqüilo e superazul, é perfeito para o casal ficar de molho abraçadinhos – e se o clima dentro d'água esquentar, basta trocar o mar por sua hidro privê ao ar livre.

COMO CHEGAR

Há vôos diretos das principais capitais brasileiras para Florianópolis. A Pousada da Vigia fica na rua Cônego Walmor Castro, 291, praia da Lagoinha de Ponta das Canas, (48) 3284-1789, www.pousadavigia.com.br.

SAIBA MAIS

www.pontodevista.net é o site do bar Ponto de Vista, de onde se tem o visual mais bonito da lagoa da Conceição.

RICARDO FREIRE

034

PRAIA DO ROSA
(SC)

Ela já caiu nas graças de todo o Sul e Sudeste do país – no verão, é o ponto do agito, com gente bonita circulando dia e noite pelas ruas de terra. A areia da praia, branquinha, faz contraponto às lagoas de água doce e salgada, onde é bom se refrescar. Com uma combinação equilibrada de rusticidade e conforto, a praia do Rosa também inspira os apaixonados – vá direto para a pousada Quinta do Bucanero, a mais estilosa do pedaço. Aproveite a sensacional vista do deque da piscina e o barquinho que faz a travessia de uma lagoa até a areia da praia.

COMO CHEGAR

Está 90 km ao sul de Florianópolis. A Quinta do Bucanero fica na estrada Geral do Rosa, (48) 3355-6056, www.bucanero.com.br.

SAIBA MAIS

www.baleiafranca.org.br traz informações sobre a visita das baleias-francas à faixa do litoral. Elas vêm de junho a novembro para acasalar e amamentar seus filhotes.

DIVULGAÇÃO

MARCELO SPATAFORA

DIVULGAÇÃO

035 SANTO ANDRÉ
(BA)

É quase inacreditável imaginar que basta atravessar um rio para deixar para trás a fervida Porto Seguro e aportar num recanto tão tranqüilo quanto Santo André. Se o que você quer é mesmo sossego, e se gosta de longas caminhadas na praia, venha correndo para cá. No Costa Brasilis Resort, as suítes premium têm banheira gigante e um jardinzinho particular. Não deixe de comer no restaurante da Maria Nilza: além de preparar um delicioso arroz de polvo, ela é uma simpatia.

COMO CHEGAR

Pegue a balsa em Santa Cruz Cabrália. O Costa Brasilis fica na avenida Beira-Mar, (73) 3671-4056, www.resortcostabrasilis.com.br. O restaurante da Maria Nilza está na praia de Guaiú, (73) 3671 2047.

SAIBA MAIS

www.portosegurotur.com.br traz informações sobre a região de Porto Seguro.

DIVULGAÇÃO

036

SÃO MIGUEL DOS MILAGRES

(AL)

RICARDO FREIRE

Há um trecho no litoral norte alagoano que, graças a um providencial desvio na estrada, logo depois de Barra de Santo Antônio, foi mantido a salvo da exploração imobiliária. É na orla, dominada por coqueirais, que fica a Pousada do Toque. Um dos dilemas ali é saber onde dar um mergulho: se na piscina privativa de sua cabana ou nas piscinas naturais da praia mesmo, logo em frente. Outro: escolher entre se divertir nos caiaques, na quadra de tênis ou com uma completíssima coleção de DVDs. Nilo Burgarelli, dono da pousada, ataca também de chef ao misturar haute cuisine com temperos da própria horta e sugestão: peça o peixe grelhado com bananas e macaxeira.

COMO CHEGAR

São Miguel dos Milagres está 106 km ao norte de Maceió. A Pousada do Toque fica no Sítio Santo Antônio, (82) 3295-1127, www.pousadadotoque.com.br.

SAIBA MAIS

www.maragogionline.com.br traz informações sobre passeios às piscinas naturais de Maragogi, a 6 km da costa.

DIVULGAÇÃO

DIVULGAÇÃO

037

TRANCOSO
(BA)

Ela já virou destino de fama internacional, mas nunca perde o charme. O Quadrado, coração da vilinha, continua a abrigar lojas superdescoladas e restaurantes que funcionam à luz de candelabros em suas casas coloridas. A praia mais gostosa ainda é a de Itapororoca, continuação da praia dos Coqueiros. E o título de pousada que esbanja personalidade desde a entrada da rua até a areia da praia vai para a Estrela D'água, que além de tudo tem um bar delicioso.

COMO CHEGAR

Está a 47 km de Porto Seguro. A Estrela D'água fica na praia dos Nativos, (73) 3668-1030, www.estreladagua.com.br.

SAIBA MAIS

www.capimsanto.com.br é o site do restaurante Capim Santo, que fica no Quadrado e também manda muito bem como pousada.

GUILHERME ANDRADE

MARCELO CURIA

O AMOR SOBE A SERRA

LA HACIENDA

Kuriuwa (Monte Verde, MG)

La Hacienda (Gramado, RS)

Locanda Della Mimosa (Petrópolis, RJ)

Mauá Brasil (Visconde de Mauá, RJ)

Pousada do Engenho (São Francisco de Paula, RS)

Pousada Quinta dos Marques (Canela, RS)

Pousada Quinta dos Pinhais (Santo Antônio do Pinhal, SP)

Quinta dy Engenho, (São Roque, SP)

Tankamana (Itaipava, RJ)

CONSULTÓRIO SENTIMENTAL DE TATI BERNARDI

A melhor coisa para se fazer no frio é... ficar pelado. Não tem cobertor de lã ou jaqueta de couro que faça por você o que uma boa companhia pode fazer. Casaco de pele não é politicamente incorreto se a pele, no caso, for a da pessoa que você ama. E o verbo amar, nesse caso, dá tranqüilamente para substituir por gostar, curtir, estar apaixonado ou morrendo de tesão. Viva o calor humano!

AMAURY SIM'ES

038

KURIUWA
(Monte Verde, MG)

Localizado no ponto mais alto – e portanto mais frio – da região, a Kuriuwa tomou todos os cuidados para manter seus hóspedes sempre aquecidos. Os espaçosos chalés têm calefação e duas lareiras, uma na varanda e outra no quarto. Também há uma sauna com vista para a mata e uma deliciosa hidro mantida sempre a 35 graus. De outubro a abril, a água da piscina é aquecida a 28 graus. Isso para quem se aventurar fora do quarto, que tem cama king-size, travesseiros de plumas de ganso, aparelho de som, TV de tela plana, DVD, hidro, e, na sua cabeça, aquele refrão do rei Roberto: "... e que tudo mais vá pro inferno."

COMO CHEGAR

Monte Verde está a 167 km de São Paulo e 499 km de Belo Horizonte. A Kuriuwa fica na rua do Bosque, 309, (35) 3438-1959, www.kuriuwahotel.com.br.

SAIBA MAIS

www.hpmonteverde.com.br tem dicas de passeios e ecoturismo.

REGIS FILHO

039

LA HACIENDA
(Gramado, RS)

MARCELO CURIA

Chegar ao La Hacienda é como viajar no tempo e aportar numa Itália imemorial. A arquitetura dos chalés, construídos com paredes de pedra e material de demolição, foi inspirada no estilo colonial dos imigrantes que vieram do Vêneto para o Sul do país. Você chega e encontra uma cestinha de boas-vindas com frutas e docinhos . O restaurante é tão gostoso quanto a pousada – experimente o carré de vitela com pinhões e legumes ao mel. E, quando voltar do jantar, aproveite outro dos mimos: chá com biscoitos fresquinhos, para aquecer mais ainda o casal em frente à lareira.

COMO CHEGAR

Gramado está a 135 km de Porto Alegre. O La Hacienda fica na estrada da Serra Grande, 4.200, (54) 3286-8186, www.lahacienda.com.br.

SAIBA MAIS

www.lepetitclos.com.br é o site do Le Petit Clos, o restaurante mais romântico de Gramado, que serve um delicioso fondue bourguignonne.

DIVULGAÇÃO

040 LOCANDA DELLA MIMOSA
(Petrópolis, RJ)

O dono, Danio Braga, define bem: o Locanda não é um hotel onde se come, e sim um restaurante onde se dorme – e tanto comer quanto dormir, ali, são sinônimos de excelência. Seu restaurante é um dos cinco únicos do país a receber a cota máxima de três estrelas do *Guia Quatro Rodas*. O cardápio muda semanalmente e reflete a busca de Braga pelos melhores ingredientes do período. (Permanente, mesmo, só o ravióli recheado de musse de batata com manteiga de cebola frita e fígado de pato.) Peça para conhecer a adega, com mais de quatrocentos rótulos de vinhos, e depois do jantar descanse em um dos seis elegantes apartamentos do hotel.

LAURA J. MARTINEZ

COMO CHEGAR

Petrópolis está a 72 km do Rio de Janeiro. O Locanda Della Mimosa fica na alameda das Mimosas, 30, Vale Florido, (24) 2233-5405, www.locanda.com.br.

SAIBA MAIS

www.museuimperial.gov.br é o site de um dos museus mais incríveis do Brasil, o Museu Imperial. Lá está exposta a coroa que foi de Dom Pedro II.

DIVULGAÇÃO

041 MAUÁ BRASIL

(Visconde de Mauá, RJ)

Se privacidade é o que você mais quer, comece a arrumar as malas. Os chalés da Mauá Brasil estão bem espalhados ao longo de um imenso jardim, de cara para o pico da Pedra Selada. O site da pousada antecipa muito bem o que você vai encontrar quando chegar: chalés espaçosos, confortáveis e bem decorados, alguns com lareira no meio do quarto e todos com uma deliciosa banheira com vista panorâmica.

DIVULGAÇÃO

COMO CHEGAR

Visconde de Mauá está a 202 km do Rio de Janeiro. A Mauá Brasil fica na estrada para Campo Alegre, (24) 3387-2077, www.mauabrasil.com.br.

SAIBA MAIS

www.guiamaua.com.br é um portal completo sobre Visconde de Mauá. Clique em Restaurantes e descubra mais sobre o Rosmarinus Officinalis, o restaurante-coqueluche do pedaço.

RENATA MELLO

MARCELO CURIA

042 POUSADA DO ENGENHO

(São Francisco de Paula, RS)

Há coisa melhor do que deitar e rolar a dois num tapete macio, ouvindo o crepitar da lenha na lareira? Só se esse cenário de aconchego for uma cabana cercada de muito verde, na serra gaúcha. A Pousada do Engenho tem exatamente esse clima e mais algumas mordomias, como travesseiros de pluma de ganso, TV de 29 polegadas e varanda com cadeira de balanço. Se mesmo assim você quiser sair do quarto, sinta-se à vontade para aproveitar o ofurô, a piscina no deque ou a quadra de tênis.

COMO CHEGAR

São Francisco de Paula está a 132 km de Porto Alegre. A Pousada do Engenho fica na rua Odon Cavalcanti, 330, São Bernardo, (54) 3244-1270, www.pousadadoengenho.com.br.

SAIBA MAIS

www.chagdud.org é o site do Chagdud Gonpa, um templo budista construído em estilo tradicional tibetano na serra gaúcha.

MARCELO CURIA

043

POUSADA QUINTA DOS MARQUES

(Canela, RS)

Veja se não é uma idéia bem bacana para o próximo feriado: passar uns dias num antigo casarão de veraneio dos anos 1930, em plena serra gaúcha. Os quartos, num total de 13, são divididos por temas (sabores, aromas e olhares), cada um com um tipo de decoração. Na suíte céu, por exemplo, a cama foi colocada embaixo de uma janela de vidro – você dorme literalmente sob a luz das estrelas. A delicadeza está nos detalhes, como no edredom fofíssimo que cobre os lençóis térmicos e nas toalhas de linho e cristais italianos do restaurante. Do lado de fora, fica um gazebo envidraçado com ofurô e a mesa de massagem, junto a um bosque de árvores nativas.

COMO CHEGAR

Canela está a 141 km de Porto Alegre. A Quinta dos Marques fica na rua Gravataí, 200, (54) 3282-9812, www.quintadosmarques.com.br.

SAIBA MAIS

www.canelaturismo.com.br traz informações sobre a cascata do Caracol, dentre outros passeios.

DIVULGAÇÃO

044 POUSADA QUINTA DOS PINHAIS

(Santo Antônio do Pinhal, SP)

Fica a 1.350 m de altitude, rodeada pelas vistas do pico do Agudo e da pedra do Baú. Assim que você chega já começa a ser mimado, primeiro com um cálice de vinho e depois com flores, frutas e um menu de travesseiros no quarto. Os chalés, simples e de muito bom gosto, ficam distantes uns dos outros – dois deles têm piscina privativa, hidro e cama king-size.

COMO CHEGAR

Santo Antônio do Pinhal está a 179 km de São Paulo. A Pousada Quinta dos Pinhais fica na estrada do Pico Agudo, Sertãozinho, (12) 3666-2030, www.quintadospinhais.com.br.

SAIBA MAIS

www.camposdojordao.com.br é o site de Campos do Jordão, o mais famoso destino serrano de São Paulo. Bom para quem gosta de badalar, a 29 km de Pinhal.

045 QUINTA DY ENGENHO
(São Roque, SP)

Tem quartos agradabilíssimos, decorados com móveis rústicos comprados de fazendas coloniais – é um daqueles lugares que não dá vontade de sair da cama king-size nem por decreto. No máximo, você pode se arrastar até a banheira. Ou até a varanda, para respirar um pouco de ar puríssimo. O idílico visual das montanhas e o chá da tarde estão incluídos na diária.

COMO CHEGAR

São Roque está a 65 km de São Paulo. O Quinta dy Engenho fica na estrada da Fonte, 800, acesso pelo km 55 da rodovia Raposo Tavares, (11) 3846-0407, www.quintadyengenho.com.br.

SAIBA MAIS

www.saoroque.sp.gov.br é o site da prefeitura de São Roque – também tem informações sobre o Ski Mountain Park, uma pista artificial de esqui.

046 TANKAMANA

(Itaipava, RJ)

Depois de entrar em qualquer um dos chalés do Tankamana, construídos com toras de eucalipto e detalhes em pedra, ninguém tem vontade de sair mais. Delicadeza e profissionalismo estão na ordem do dia de todos os que trabalham na pousada. Logo na chegada você recebe os sais para usar na banheira – algumas ficam dentro do quarto, a um passo da cama. Do lado de fora do chalé dá para curtir a sauna, nadar na piscina, caminhar pela mata ou sair para cavalgadas. Quando você voltar, vai encontrar novos arranjos de flores e delicadas trufas de chocolate à sua espera.

COMO CHEGAR

São 72 km do Rio de Janeiro até Petrópolis e mais 15 km até Itaipava. A Tankamana fica na estrada Júlio Cápua, Vale do Cuiabá, (24) 2222-9181, www.tankamana.com.br.

SAIBA MAIS

www.rio-off-rio.com.br traz informações sobre destinos turísticos de praia e de serra no estado do Rio de Janeiro.

TANKAMANA ECORESORT / DIVULGAÇÃO

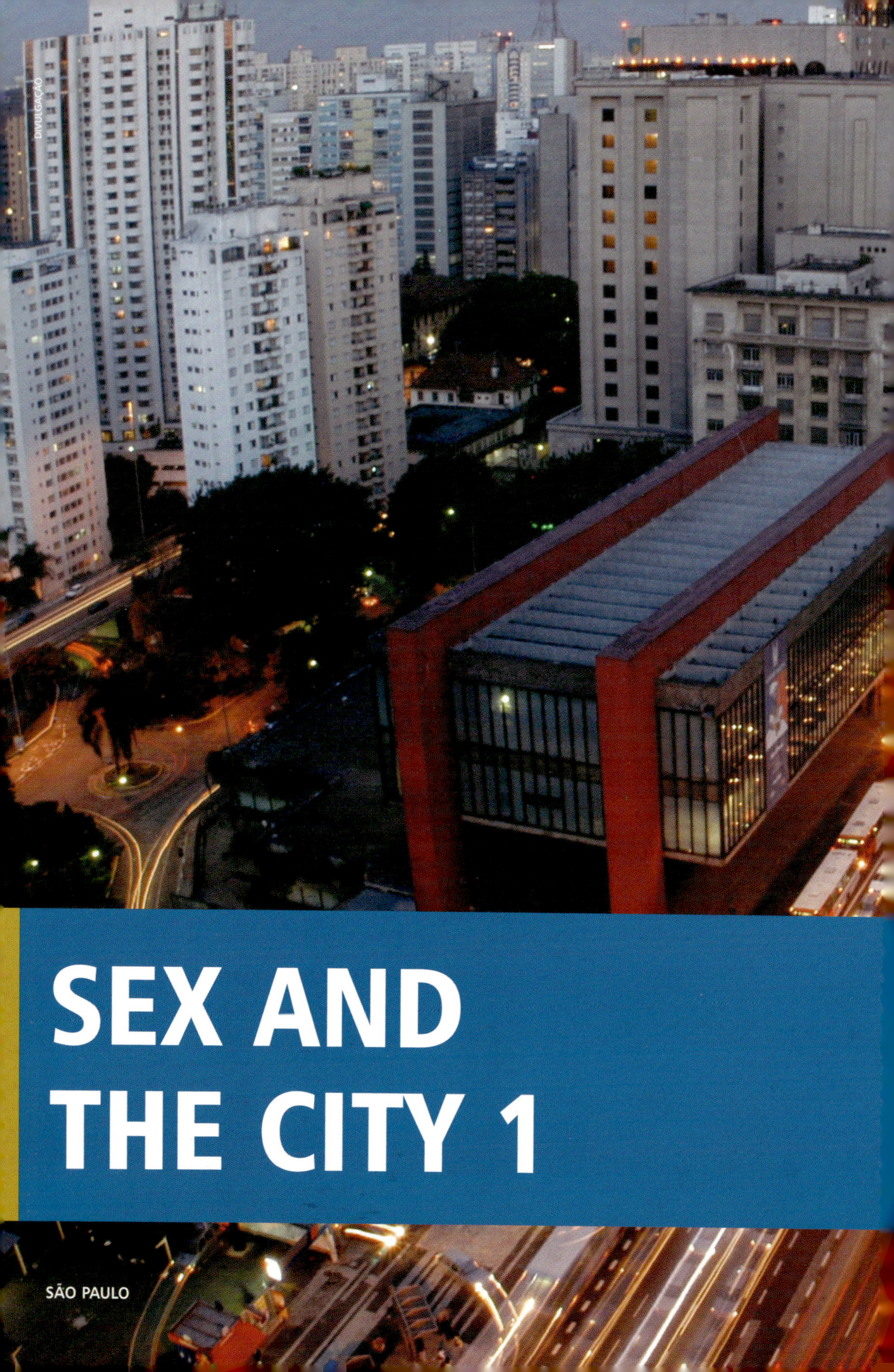

DIVULGAÇÃO

SEX AND THE CITY 1

SÃO PAULO

Belo Horizonte (MG)

Rio de Janeiro (RJ)

São Paulo (SP)

CONSULTÓRIO SENTIMENTAL DE TATI BERNARDI

Já que viajar é descobrir ou redescobrir novos lugares, que tal fazer o mesmo pelo seu relacionamento? O tema "Kama Sutra" ninguém agüenta mais, mas o casal pode renovar experimentando prazeres superdiferenciados: enquanto ele carrega todas as compras e espera o tempo que for necessário para sua amada se arrumar, ela não demora duas horas para escolher o jantar e não reclama do ar-condicionado com ele.

047

BELO HORIZONTE
(MG)

É uma delícia percorrer a pé a região da Pampulha, onde estão a lagoa e duas importantes obras de Oscar Niemeyer: o Museu de Arte da Pampulha e a Igreja de São Francisco de Assis, com painéis de azulejo pintados por Cândido Portinari. Depois da arte, as compras: reserve um dia inteiro para bater pernas pelo bairro de Lourdes, com antiquários, lojas de decoração e restaurantes badalados como o bistrô francês Taste Vin, especializado em suflês. No jantar, um programa inusitado e exclusivo de Belo Horizonte: comer num restaurante de cardápio iraniano. Num ambiente simples, o Amigo do Rei serve receitas dos deuses. Uma delas é o fessenjohun: bolinhas de carne em molho de nozes e romã, servidas com arroz e molho de abobrinha. Para um programa cultural e inspirador, dê uma fugida da cidade para conhecer o Museu Inhotim, com um incrível acervo de arte moderna a céu aberto – não se sabe se é melhor conferir as obras de Vik Muniz e Cildo Meireles, entre outros, ou passear pelo imenso tapete verde entre as árvores.

NELIO RODRIGUES

COMO CHEGAR

Várias capitais brasileiras têm vôos diretos para Belo Horizonte. Igreja de São Francisco de Assis, (31) 3247-1644, e Museu de Arte da Pampulha, (31) 3443-4533: avenida Otacílio Negrão de Lima, Pampulha. Taste Vin: rua Curitiba, 2105, Lourdes, (31) 3292-5423. Amigo do Rei: rua Quintaliano Silva, 118, Santo Antônio, (31) 3296-3881. Museu Inhotim: acesso pelo km 490 da BR-381, distrito de Brumadinho, (31) 3227-0001.

SAIBA MAIS

www.guiabh.com.br traz informações sobre as atrações culturais da cidade.

DIVULGAÇÃO

048

RIO DE JANEIRO
(RJ)

O Rio é inspirador de cima a baixo, da chegada ao Santos Dumont ao calçadão de Copacabana, do Cristo à baía de Guanabara, do Pão de Açúcar à lagoa Rodrigo de Freitas. Uma "cidade feita de montanha em casamento indissolúvel com o mar", escreveu o poeta Carlos Drummond de Andrade. Nem o medo que, sim, ronda moradores e visitantes inibe a chegada de gente do mundo inteiro que quer ver tudo isso de perto. Quem mora, ou já esteve lá, sabe que o Rio é bonito tanto de cara quanto de costas para o mar. Impossível não achar inspiradores os programas mais prosaicos: andar na praia e tomar uma água-de-coco, brindar ao pôr-do-sol com espumante nas areias do Leblon. Aditivos para tornar o que é lindo in natura em algo ainda mais espetacular são (quase) secundários, mas claro que o Rio tem programas para deixar o que é bom ainda melhor. Como se hospedar no hotel que é o maior ícone da hotelaria na América do Sul: o Copacabana Palace, um

CLAUDIA CARMELLO

RICARDO FREIRE

RICARDO FREIRE

dos mais luxuosos do país, que já recebeu reis, presidentes, astros e estrelas de Hollywood. Jantar no Cipriani, o restaurante em frente à famosa piscina do hotel, é reviver um pouco o passado glamouroso e de breves romances de sonho que ali se viveram. O Rio também é pródigo em passeios de mãos dadas. Numa tarde preguiçosa, suba de bondinho até Santa Teresa ou caminhe entre as alamedas centenárias do Jardim Botânico. Rio é réveillon e carnaval, mar, chopinho na esquina, glamour, calçadão, natureza e beleza e, mesmo com o caos, é sempre 40 graus.

COMO CHEGAR

Praticamente todas as capitais brasileiras têm vôos diretos para o Rio de Janeiro. Jardim Botânico: rua Jardim Botânico, s/nº, (21) 3874-1808, www.jbrj.gov.br. Copacabana Palace: avenida Atlântica, 1.702, 0800-21-1533, www.copacabanapalace.com.br.

SAIBA MAIS

veja.abril.com.br/vejarj é o site da *Veja Rio de Janeiro*, que traz um roteiro completo de bares, restaurantes e da programação cultural da cidade.

049

SÃO PAULO
(SP)

Encontrar um recanto romântico na maior e mais urbanizada capital do país pode parecer impossível. Mas basta um olhar mais atento – e um punhado de dinheiro no bolso – para tornar a cidade que nunca dorme na cidade dos sonhos. Eis o roteiro para um dia perfeito: comece com um passeio na Pinacoteca do Estado, no Centro, que reúne num prédio agradabilíssimo um dos acervos de arte mais importantes do país. Você pode até fazer uma pausa no café do museu, com mesinhas voltadas para as esculturas do Parque da Luz. Ou seguir para o Terraço Itália, também no Centro, e beber uma taça de champanhe tendo a cidade a seus pés: o restaurante, no 41° andar, é um camarote vip que revela o skyline de São Paulo num de seus melhores ângulos. Para um almoço rápido, pegue o rumo dos Jardins e vá ao sempre lotado Ritz, que serve o melhor hambúrguer e os melhores bolinhos de arroz da cidade. Ali perto, na badalada rua Oscar Freire, ficam lojas das grifes mais poderosas do mundo. Depois das compras, experimente o cafezinho-gourmet do Santo Grão. Faça reservas para jantar no D.O.M. Alex Atala, o enfant terrible da cozinha contemporânea brasileira, mostra a que veio em pratos como as vieiras marinadas no leite de coco e o robalo ao molho de tucupi e tapioca. Por fim, leve seu amor para passar a noite

no Hotel Emiliano, entre os lençóis egípcios, os travesseiros fofíssimos e os edredons alemães feitos com plumas de peito de ganso húngaro – nenhum outro lugar na cidade é a tradução tão perfeita de um ninho de amor.

MARCO DE BARI

COMO CHEGAR

Praticamente todas as capitais brasileiras têm vôos diretos para São Paulo. Pinacoteca: praça da Luz, 2, Luz, (11) 3229-9844; Terraço Itália: avenida Ipiranga, 344, 41º andar, Centro, (11) 2189-2929; Ritz: alameda Franca, 1.088, Cerqueira César, (11) 3088-6808; Santo Grão: rua Oscar Freire, 413, Jardins, (11) 3082-9969; D.O.M.: rua Barão de Capanema, 549, Jardim Paulista, (11) 3088-0761; e Hotel Emiliano: rua Oscar Freire, 384, Cerqueira César, (11) 3069-4369, www.emiliano.com.br.

SAIBA MAIS

vejinha.abril.com.br é o site da revista *Veja São Paulo*, que traz um roteiro completo da programação cultural da cidade.

HERNAN REIG

DIVULGAÇÃO

TODOS DIZEM EU TE AMO

KANANASKIS COUNTY

Chianti (Itália)
Beleza roubada

Formentera (Espanha)
Lucia e o sexo

Isère (França)
Pintar ou fazer amor

Kananaskis County (Canadá)
O segredo de Brokeback Mountain

Tóquio (Japão)
Encontros e desencontros

Turtle Island (Ilhas Fiji)
A lagoa azul

Viena (Áustria)
Antes do amanhecer

CONSULTÓRIO SENTIMENTAL DE TATI BERNARDI

Chulé, bafo matinal, meleca, ronco, remela, mania de estalar os dedos, desodorante vencido, roubo noturno de cobertor, bocejo muito alto, tampa do vaso respingada e cueca furada. Tudo isso faz parte da realidade. Mas se o cenário for de cinema, ainda dá tempo de salvar a magia.

DIVULGAÇÃO

DIVULGAÇÃO

050

CHIANTI

(Itália)

Beleza roubada

Uma jovem americana (a lindíssima Liv Tyler) chega em uma casa de campo na Toscana, onde sua mãe viveu, e encontra um grupo de intelectuais e artistas num clima de liberdade total. A juventude e a sensualidade da moça acabam abalando a vida daquela comunidade. O diretor Bernardo Bertolucci usou e abusou do cenário natural coberto de ciprestes e vinhedos para contar uma bela história sobre a descoberta da sexualidade. Chianti, a principal locação, é cercada por vilarejos medievais maravilhosos – e onde se produz um famoso vinho italiano. A base para conhecer a região é Siena, e a melhor forma de explorá-la é alugando um carro. Uma estrada secundária conhecida como Chiantigiana liga Siena a Florença, cortando alguns dos melhores vinhedos.

COMO CHEGAR

Siena está a 231 km de Roma.

SAIBA MAIS

www.relaisborgoscopeto.it é o site do Relais Borgo Scopeto, uma vila medieval transformada numa luxuosa hospedagem.

051

FORMENTERA
(Espanha)

Lucia e o sexo

O diretor Julio Menden colocou essa pequena ilha espanhola em evidência depois que Lucia, interpretada por Paz Vega, protagonizou ali algumas cenas de sexo *mui calientes*. Formentera é vizinha da fervida Ibiza, que fica a uma hora de barco. A melhor maneira de conhecê-la é como Lucia: embarcar numa *scooter* e sair em busca da praia perfeita. Não é tarefa difícil, já que são 69 km de litoral. Dentro d'água, os pombinhos podem ir bem longe da praia, porque o mar é daqueles que demoram para ficar fundo. O farol que aparece no filme é o Farol de La Mola, perfeito para se abancar na hora do pôr-do-sol.

WARNER BROS. / DIVULGAÇÃO

COMO CHEGAR

Formentera fica a uma hora de barco de Ibiza. A diária de uma *scooter* sai por cerca de 30 euros na Pujols (www.motorentpujols.com) e na Mitjorn (www.motorentmitjorn.com).

SAIBA MAIS

www.formenteraonline.net é um portal completo com atrações e serviços na ilha.

052

ISÈRE

(França)

Pintar ou fazer amor

Madeleine (Sabine Azema), empresária e pintora nas horas vagas, está com seu cavalete em frente a uma paisagem no campo quando é surpreendida por um homem. Ele é o simpático e sedutor Adam (Sergi Lopez), o prefeito cego de uma cidadezinha próxima, que se apresenta e a leva para conhecer uma casa decadente ali perto. Ela e o marido, o meteorologista aposentado William (Daniel Auteuil), decidem comprá-la e deixam a cidade para morar no campo. Adam é casado com uma mulher bem mais nova, Eva (Amira Casar), e o filme mostra pessoas maduras vivendo experiências afetivas e sexuais totalmente novas. A forma como a natureza do lugar é enquadrada, sempre em espaços abertos, sugere o clima de liberdade dos personagens. As belíssimas locações do filme ficam na província de Isère, nas localidades de Vinay e Grenoble, região conhecida como Rhône-Alpes.

COMO CHEGAR

Lyon é o ponto de partida mais fácil para desbravar a região; fica a 461 km de Paris.

SAIBA MAIS

www.rhonealpes-tourisme.fr é um ótimo portal para saber mais sobre a região de Rhône-Alpes, inclusive sobre as estações de esqui.

053

KANANASKIS COUNTY
(Canadá)

O segredo de Brokeback Mountain

DIVULGAÇÃO

DIVULGAÇÃO

Jack Twist (Jake Gyllenhaal) e Ennis del Mar (Heath Ledger) são dois peões contratados para pastorear ovelhas nas montanhas do Wyoming e que vivem um romance proibido durante duas décadas. Para as filmagens, o diretor Ang Lee escolheu as montanhas de Alberta, no Canadá, em vez do Wyoming original, onde o conto que deu origem ao filme se passa. A principal locação fica em Kananaskis County, nas Montanhas Rochosas, próximo a Calgary. Agências locais organizam acampamentos e cavalgadas pelo lugar.

COMO CHEGAR

A Air Canada tem vôos até Calgary, com escala em Toronto.

SAIBA MAIS

www.anchord.com é o site da Anchor D, empresa que organiza passeios na região.

054

TÓQUIO

(Japão)

Encontros e desencontros

Bob Harris (Bill Murray) é um ator decadente que está em Tóquio para estrelar um comercial de uísque. Charlotte (Scarlett Johannson) é recém-casada e também está na cidade acompanhando o marido fotógrafo. Bob e Charlotte não se conhecem, mas estão hospedados no mesmo lugar, solitários e entediados. Após um encontro fortuito, os dois vão afogar as mágoas no bar do hotel. Delicado e sutil, o filme escrito e dirigido por Sofia Coppola trata do choque cultural de pessoas que se sentem deslocadas não apenas numa terra estrangeira, mas dentro de si mesmas. O filme foi praticamente todo filmado no hotel Park Hyatt Tokyo, no distrito de Shinjuku, perto da estação de trem mais movimentada da cidade. O bar do hotel, onde boa parte do filme se passa, se chama New York e fica no 52° andar. E o caraoquê no qual os dois cantam está localizado no coração do distrito de Shibuya.

COMO CHEGAR

Os vôos para Tóquio fazem conexão em Nova York, Chicago ou Washington. Hotel Park Hyatt Tokyo, 3-7-1-2 Nishi-Shinjuku, Shinjuku-ku, 81 3 5322 1234, tokyo.park.hyatt.com. Karaoke-Kan, K&F Building, 30-8 Utagawacho, Shibuya-ku, 81 3 3462 0785; as salas 601 e 602 foram usadas para filmar a cena do caraoquê.

SAIBA MAIS

www.jnto.go.jp é um portal completo com informações sobre o Japão.

UNIVERSAL STUDIOS / DIVULGAÇÃO

055

TURTLE ISLAND

(Ilhas Fiji)

A lagoa azul

Se você abriu um sorriso quando leu *A lagoa azul*, nem adianta disfarçar: sinal certo de que já passou dos 40 ou está quase chegando lá. Bastou esse único filme para que Turtle Island ficasse gravada como uma tatuagem no imaginário dos românticos incorrigíveis. Adriana Setti conta por que essa ilha continua despertando paixões.

"Meia humanidade já suspirou por essa praia. Ela e suas vizinhas foram o lugar onde uma pós-púbere Brooke Shields descobriu os prazeres da carne na companhia daquele menino de cabelos de anjinho (o ator Christopher Alkins) no meloso *A lagoa azul*. Nada mais inspirador. Aproveitando o clima *love is in the air* que reinará na ilha eternamente, o milionário americano Richard Evanson a transformou em um resort luxuosíssimo especializado em casais. Todos os quartos são de frente para o mar (só faltava não serem) e têm uma cama fofinha e enorme, estrategicamente posicionada na varanda. Se, mesmo com tanta comodidade, o par optar pela total integração com a natureza, em Nude Beach, como o nome já diz, biquínis e sungas serão barreiras previamente superadas."

COMO CHEGAR

Os vôos para Nadi, nas ilhas Fiji, partem de Los Angeles ou Sydney. De Nadi para a Turtle Island, o *transfer* é num avião pequeno. Reservas para a ilha: 1 800-255-4347, turtlefiji.com.

SAIBA MAIS

www.turtlefiji.com/romance/weddings.php mostra como você pode celebrar seu casamento na ilha.

DIVULGAÇÃO

056

VIENA

(Áustria)

Antes do amanhecer

O americano Jesse (Ethan Hawke) e a francesa Céline (Julie Delpy) são dois jovens estudantes que se conhecem num trem que partiu de Budapeste em direção à França. Horas depois, eles vivem uma paixão caminhando pelas ruas de Viena. O dinheiro é escasso e o tempo que os dois têm é curto. Por isso, a Viena por onde eles circulam é a das ruas, dos bondes, da fachada dos prédios históricos ao longo da avenida Ring, passando pela Ópera, pelo Danúbio e pelos parques. O primeiro beijo acontece dentro de uma antiga roda-gigante no parque Prater. E, tratando-se de Viena, a música clássica é item obrigatório. Numa das cenas, os acordes de um cravo escapam pela janela de um conservatório qualquer, enquanto, lá fora, Jesse e Céline arriscam uns passos de valsa.

COMO CHEGAR

Os vôos para Viena fazem conexões em Frankfurt, Paris ou Amsterdã. O parque Prater fica em 2, Prater Underground, 43 1 729 54 30, www.wienerriesenrad.at.

SAIBA MAIS

www.info.wien.at é um portal completíssimo com atrações da capital austríaca.

DIVULGAÇÃO

DIVULGAÇÃO

DIVULGAÇÃO

DIVULGAÇÃO

GRANDES ESCAPADAS

TORRES DEL PAINE

Capadócia (Turquia)

Delta do Okavango (Botsuana)

Menorca (Espanha)

Tasmânia (Austrália)

Torres del Paine (Chile)

CONSULTÓRIO SENTIMENTAL DE TATI BERNARDI

As viagens podem e devem ser exóticas; já você, é bom tomar cuidado: idiossincrasias dão um charme particular, mas também podem assustar bastante. Se você é daqueles que falam maluquices ou rangem os dentes enquanto dormem, vá procurar ajuda antes de embarcar com o seu amor. Outros campeões da bizarrice são: dormir maquiada, não molhar o cabelo por causa da escova e levar o triplo da roupa necessária.

DIVULGAÇÃO

057 CAPADÓCIA
(Turquia)

Essa região da Turquia guarda uma das paisagens mais inusitadas do mundo. As erupções de vulcões extintos deram origem a formações rochosas com os mais estranhos desenhos. São chaminés, cogumelos e até mesmo hilários chapéus de bruxa, daqueles pontudos, intercalados com casas escavadas nas rochas, cavernas que abrigam igrejas e verdadeiras cidades subterrâneas. A Capadócia é o que mais se aproxima de uma paisagem intergaláctica, ou mesmo de um filme de ficção científica. A melhor maneira de entrar no clima do lugar é sobrevoá-lo num balão. Os passeios acontecem de manhãzinha. Partem antes mesmo de o sol nascer, que é quando as condições do tempo são mais favoráveis. A recepção, na volta à terra, é feita com champanhe.

COMO CHEGAR

A Capadócia fica a 730 km de Istambul. Para vôos de balão, procure a Kapadokya Balloons, TR-50180, Nevsehir, 90 0 384. 271 2442, www.kapadokyaballoons.com.

SAIBA MAIS

www.turkeytravelplanner.com é um site completo para você planejar uma viagem pelo país.

058 DELTA DO OKAVANGO
(Botsuana)

No centro-sul do continente africano, ao norte de Botsuana, fica uma das regiões mais selvagens do mundo: o delta do rio Okavango. Contrariando a sina de muitos rios, que é percorrer um longo caminho para finalmente alcançar o mar, o Okavango deságua nas areias quentes do deserto de Kalahari, na Namíbia. Esse percurso errante acaba transformando paisagens antes secas e frágeis em verdadeiros oásis, como canais, riachos e pântanos, muitos deles navegáveis. Quando isso acontece, elefantes, girafas, hipopótamos, crocodilos, búfalos e centenas de aves podem ser facilmente avistados. A acomodação é feita em *lodges* como o Xigera Camp, no qual tendas no meio da selva oferecem todo conforto.

COMO CHEGAR

De Johannesburgo há vôos para Garabone, capital da Botsuana, que depois seguem para Maun. O último trecho é feito num avião pequeno, com desembarque na região do delta. Xigera Camp, www.xigera.com.

SAIBA MAIS

www.highland.com.br é o site da Highland Adventures, agência que organiza pacotes para Okavango com saídas do Brasil.

059

MENORCA
(Espanha)

ADRIANA SETTI

Uma das ilhas mais tranqüilas do Mediterrâneo espanhol tem o mar de águas tão transparentes que, por vezes, os barcos atracados junto à costa parecem levitar. A natureza é a mais preservada de todas as Baleares – tanto que a ilha foi tombada como reserva ecológica pela Unesco. O que fazer por ali? Caminhar e nadar por praias totalmente desertas, visitar sítios arqueológicos que datam de 2000 a.C. e namorar enquanto se passeia pelas ruas de Maó e Ciutadella, duas cidadezinhas com casas e edifícios históricos da época em que os ingleses dominaram Menorca.

COMO CHEGAR

De Maiorca partem vôos e barcos até Menorca. Também há vôos de Barcelona.

SAIBA MAIS

www.illesbalears.es é um portal completo com informações sobre as ilhas Baleares.

ADRIANA SETTI

DIVULGAÇÃO

060

TASMÂNIA
(Austrália)

A natureza virgem, variada e farta é o maior atrativo da Tasmânia. São 19 parques nacionais, praias desertas, montanhas que ficam cobertas de neve no inverno, lagos reluzentes, cachoeiras e o ar mais puro do mundo. Na capital, Hobart, moram pouco mais de 200 mil pessoas. Para sorte de quem vem, seu ritmo pacato ainda guarda um charme de cidade interiorana. Talvez por isso as pessoas nas ruas sejam tão sorridentes e prestativas. A praia de Wineglass Bay, no Parque Nacional de Freycinet, é uma das mais bonitas do mundo.

COMO CHEGAR

Há vôos diretos para Hobart partindo de Sydney, Adelaide e Melbourne.

SAIBA MAIS

www.discovertasmania.com.au tem diversas informações sobre a ilha.

061

TORRES DEL PAINE
(Chile)

Por onde quer que se ande no parque Torres del Paine, no sul do Chile, a paisagem é de embasbacar. Lagos verde-esmeralda, *icebergs*, torres de granito pontiagudas, florestas de coníferas, montanhas que são verdadeiras catedrais de gelo esculpidas pelo tempo. O clima, por vezes, é muito hostil. Além do frio, o vento é onipresente. A melhor maneira de se proteger dessas intempéries é se aquecendo no confortabilíssimo hotel Explora Salto Chico, às margens do lago Pehoé. A vista de qualquer um dos quartos para os picos nevados é coisa de cinema. Na Casa de Baños anexa ao hotel há piscina aquecida, sala de massagem e hidro ao ar livre.

COMO CHEGAR

Punta Arenas fica 360 km ao sul de Santiago. Há vôos diretos partindo da capital chilena. O hotel Explora Salto Chico fica às margens do lago Pehoé, 56 2 395 2533, www.explora.com.

SAIBA MAIS

www.torresdelpaine.com serve para dar um gostinho das paisagens e passeios possíveis na região do parque.

DIVULGAÇÃO

DIVULGAÇÃO

REFÚGIOS VIP

DIVULGAÇÃO

ST. BARTHS

Bali (Indonésia)

Bora Bora (Polinésia Francesa)

Hamilton Island (Austrália)

Klosters (Suíça)

Los Cabos (México)

Maldivas (República das Maldivas)

Mnemba (Zanzibar)

Necker Island (Ilhas Virgens Britânicas)

Phuket (Tailândia)

St. Barths (Saint Barthélemy)

Vale do Loire (França)

CONSULTÓRIO SENTIMENTAL DE TATI BERNARDI

Você levou a moça para longe de tudo e de todos, escolheu o melhor quarto da pousada super-romântica, abriu champanhe sob o céu estrelado e mostrou a foto da sua sobrinha. Já era, amigo! Ela vai querer namorar sério! Se era só para viver uma boa aventura com a gata, você não precisava ter ido tão longe e ter gastado essa fortuna. É proibido agir como "homem da vida" sem ter certeza dos sentimentos. Aliás, deveria dar cadeia!

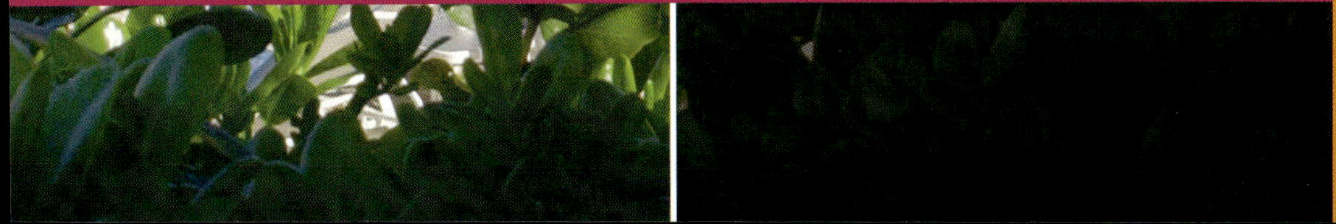

062

BALI

(Indonésia)

Localizada entre Java e Lombok, é uma das mais de 13 mil ilhas que compõem a Indonésia. Bali é toda superlativos: não bastasse pertencer ao maior arquipélago do mundo, tem uma das paisagens mais bonitas do Sudeste Asiático. Que o diga a praia de Uluwatu, ao sul da ilha, onde surfistas de todos os cantos batem ponto em busca da onda perfeita. De lá até Nusa Dua são poucos quilômetros por uma estrada que segue por cima das falésias, com mirantes deslumbrantes – garanta seu lugar num deles para ver o sol se pôr no Oceano Índico. Em Nusa Dua fica um dos resorts mais estilosos do mundo, o Amanusa, do grupo Aman Resorts. Sabe os novos resorts do Nordeste brasileiro, aqueles tipo rústico-chique? A inspiração veio das suítes do Amanusa, todas com terraço e um gazebo delicioso.

COMO CHEGAR

A KLM (www.klm.com) leva a Bali com conexões em Amsterdã e Jacarta. O Amanusa fica em Nusa Dua, 62 361 772 333, www.amanusa.com.

SAIBA MAIS

www.balidiscovery.com traz serviços e dicas de passeios na ilha.

063

BORA BORA
(Polinésia Francesa)

DIVULGAÇÃO

A foto de um bangalô suspenso por palafitas sobre um mar azul-turquesa é a mais completa tradução do paraíso dos amantes. Pois que ninguém duvide: Bora Bora existe, continua maravilhosa e ainda é um destino para poucos – principalmente para casais em lua-de-mel. Aquele idílio de simplicidade e rusticidade que um dia foi o Taiti resta somente nos quadros de Gauguin. Um pacote de sete dias no Bora Bora Lagoon Resort pode sair quase por 4 mil dólares por pessoa. Na hora da reserva, tome uma precaução apenas: peça os bangalôs que ficam cara a cara com o Monte Otemanu (a alternativa é ter uma vista frontal para o bangalô do vizinho).

COMO CHEGAR

A maneira mais rápida é via Santiago do Chile, com escala na ilha de Páscoa e finalmente Papeete. De lá, são mais duas horas de turboélice até Bora Bora. Bora Bora Lagoon Resort, 1 800 860 4095, www.orient-express.com/web/obor/obor_a2a_home.jsp.

SAIBA MAIS

www.tahiti-tourisme.com é um portal completo com serviços, fotos e história.

DIVULGAÇÃO

064

HAMILTON ISLAND

(Austrália)

Esta ilha é um dos lugares mais exclusivos da Austrália. Maristela do Valle conta por que ela é perfeita para uma lua-de-mel.

"Em plena barreira de corais australiana, a Hamilton Island é um daqueles lugarzinhos cercados de água transparente. Mas nem é preciso explorar os arredores num simples caiaque ou num luxuoso iate para mergulhar no clima de sonho. Basta ir à praia e se estirar na areia limpíssima – onde, aliás, os apaixonados podem trocar votos de fidelidade eterna registradinhos (uma empresa local organiza tudo). Quem não consegue ficar 'parado' no quarto tem 40 atividades para escolher: entre elas, passeios de helicóptero, pesca esportiva, minigolfe, tênis... As opções de hospedagem são bem democráticas, já que o único resort ali presente, o Hamilton Island, tem unidades que variam de três a cinco estrelas."

COMO CHEGAR

A ilha tem um aeroporto internacional que recebe vôos diretos de Sydney. O Beach Club, 61 0 2 9433 0444, www.hamiltonisland.com.au, um cinco-estrelas, fica na beira da praia e tem uma piscina com borda infinita que se confunde com o mar.

SAIBA MAIS

www.gbrmpa.gov.au é o site para aprender sobre a incrível variedade marinha da Grande Barreira Coralina.

065 KLOSTERS

(Suíça)

É pouco provável que você tenha ouvido falar em Klosters, mas algumas referências o ajudarão a se localizar. "Alpes suíços" é como todos normalmente se referem à região montanhosa na qual Klosters está localizada. O príncipe Charles e seu filho William já foram vistos esquiando ali algumas vezes. Fica próximo a Davos, onde há alguns anos líderes influentes reunem-se para definir o futuro da economia mundial. Sentiu o calibre da coisa? Por isso, não é de estranhar que uma das mais confortáveis hospedagens de montanha da Europa também esteja por ali. O Chalet Eugenia foi construído em 1957 para ser o refúgio de inverno da família Thyssen-Bornemisza, a mesma que dá o nome a um museu em Madri. Quase todos os quartos têm uma sacada com vista para os picos de neve eterna. Seja qual for a temperatura externa, dentro do chalé está sempre quentinho. Até a banheira tem uma lareira perto. Prepare o bolso: a hospedagem *all-inclusive* por uma semana custa 44 mil dólares e vale pelo chalé inteiro, com capacidade para até 12 pessoas.

DESCENT INTERNATIONAL

DESCENT INTERNATIONAL

COMO CHEGAR

Klosters está a 132 km de Zurique. Chalet Eugenia, 44 0 20 7384 3854, www.descent.co.uk.

SAIBA MAIS

www.klosters.ch traz informações sobre o esqui e outros esportes de neve na região.

DESCENT INTERNATIONAL

066

LOS CABOS
(México)

As mexicanas San José del Cabo e Cabo San Lucas são duas cidades próximas que acabaram ganhando o apelido de Los Cabos. Entre elas está o Las Ventanas al Paraíso, um resort em que todos os cuidados foram tomados para que o mar estivesse sempre em evidência e o serviço fosse o mais personalizado possível. As suítes são espaçosas e têm um terraço particular no qual é possível fazer uma sessão de shiatsu, pedir uma refeição, ouvir música, pegar um sol ou contar estrelas (o telescópio a postos ajuda na tarefa). Outros mimos são os lençóis de algodão egípcio, a piscina privativa e um menu de travesseiros. Se fizer muito calor na piscina em frente à praia, algum funcionário do hotel estará a postos com água mineral francesa para borrifar em você. Os bichinhos de estimação também são muito bem-vindos e poderão receber, além de um cardápio balanceado, uma massagem relaxante no spa junto com o dono. Não é difícil descobrir por que Brad Pitt, Cindy Crawford e John Travolta foram e adoraram.

COMO CHEGAR

Los Cabos está a quase mil quilômetros de Tijuana, na fronteira com os Estados Unidos. Da Cidade do México há vôos diretos para San José del Cabo. O Las Ventanas al Paraíso fica na Transpeninsular, km 19,5, Colonia Cabo Real, San José del Cabo, www.lasventanas.com.

SAIBA MAIS

www.baja.com traz informações sobre o que fazer na região da Baja California.

DIVULGAÇÃO

DIVULGAÇÃO

067

MALDIVAS

(República das Maldivas)

A escritora Patricia Shultz, autora do best-seller *1.000 lugares para conhecer antes de morrer*, contou para Inês Lima que uma das suas viagens de sonho são as ilhas Maldivas.

"Pode ser clichê, mas é um paraíso no Oceano Índico. São mais de mil ilhas com mar azul-turquesa e a temperatura da água está sempre na casa dos 30 graus. Por causa de sua localização, o arquipélago das Maldivas é mais visitado por europeus e também por aqueles que querem descansar após um safári na África. O resort Banyan Tree Maldives Vabbinfaru fica num exclusivo atol de corais e é perfeito para romance e tranqüilidade. Há muito o que fazer por lá: *snorkeling*, mergulho e inúmeros esportes náuticos. Mas o melhor mesmo é se deixar acalmar pela natureza ou pelo incrível spa."

COMO CHEGAR

Vôos com conexão em Johannesburgo e Dubai. O resort Banyan Tree Maldives Vabbinfaru fica na Ilha de Vabbinfaru, North Male Atoll, 960 664-3147, www. banyantree.com. A melhor época é de dezembro a março, quando o tempo está mais firme.

SAIBA MAIS

www.maldives.com é um portal completo sobre as ilhas.

DIVULGAÇÃO

068

MNEMBA
(Zanzibar)

Mnemba é ilha de um hotel só: o Mnemba Island Lodge, a 15 minutos de barco de Zanzibar. São apenas dez cabanas pertinho do mar, decoradas com muita palha e móveis de madeira ricamente entalhados por artesãos locais. O jantar muitas vezes é servido na beira da praia, e no menu estão frutos do mar recém-pescados assados na brasa. Mas o grande barato de Mnemba fica dentro da água mesmo: a ilha faz parte de um atol de corais e tem uma rica fauna marinha. Ah, os banhistas são com freqüência saudados por golfinhos.

COMO CHEGAR

Há vôos de Johannesburgo direto para Zanzibar. Mnemba Island Lodge, 27 11 809 4300, www.mnemba-island.com.

SAIBA MAIS

www.afroventures.com traz informações para quem quiser combinar Zanzibar e um safári na mesma viagem.

069 NECKER ISLAND
(Ilhas Virgens Britânicas)

DIVULGAÇÃO

Já pensou em alugar uma ilha todinha só para vocês? A Necker Island faz parte das ilhas Virgens Britânicas e é de propriedade de Sir Richard Branson, o multimilionário dono do grupo Virgin. Quando não está lá recarregando as energias, ele aluga a mansão e os três bangalôs em estilo balinês para outros ricos mortais. Dá para escolher entre alugar a ilha inteira por 46 mil dólares a diária (com direito a levar 28 convidados) ou apenas um dos quartos em determinados períodos, a 23 mil dólares a semana para cada casal. Evite viajar entre setembro e dezembro, quando chove mais e há chance de ocorrer furacões.

COMO CHEGAR

De Miami há vôos para San Juan, St. Thomas, Antigua ou Barbados, e de todos esses lugares é possível fazer conexão até Tortola, capital das ilhas Virgens Britânicas. De Tortola, um avião particular faz o *transfer* até a ilha. Necker Island, 44 0 208 600 0430, www.necker.com (mesmo que você nunca ponha os pés lá, não deixe de viajar no site).

SAIBA MAIS

www.littledixbay.com é o site do Little Dix Bay, um *resort* bem mais "pé no chão", localizado na maravilhosa ilha de Virgem Gorda.

DIVULGAÇÃO

070

PHUKET
(Tailândia)

Quando o assunto é Phuket, talvez duas coisas venham à sua cabeça: imensas rochas de calcário com formatos bizarros ou a ilha Phi Phi, cenário do filme *A praia*. Pois espere até conhecer o Aleenta Phuket-Phangna. O lugar é um resort-spa-butique com acomodações superestilosas. As *pool villas*, mais privés, têm piscina no meio da construção e um deque ao ar livre que separa a sala de estar e o quarto. É o esconderijo perfeito para quem gosta de tomar sol por igual e ficar sem marquinha nenhuma. As suítes de frente para o mar são pé na areia total, com um janelão que dá direto para a piscina. No spa, as terapias incluem reflexologia, aromaterapia e, claro, massagem tailandesa.

COMO CHEGAR

De Bangkok, capital da Tailândia, há vôos diretos para Phuket. O Aleenta Phuket-Phangna fica na 33 Moo 5 Tambol Khok Kloy, Amphur Takua Tung Phang-nga, 662 508-5333, www.aleenta.com.

SAIBA MAIS

www.phuket.com tem informações completas sobre praias e passeios.

DIVULGAÇÃO

DIVULGAÇÃO

071

ST. BARTHS
(Saint Barthélemy)

Saint Barthélemy, ou simplesmente St. Barths, é uma ilha caribenha de colonização francesa, destino certo de endinheirados e celebridades. O lugar tem praias maravilhosas protegidas por barreiras de corais, tem butiques de grife e hotéis chiquérrimos. O Saint-Barth Isle de France fica na beira da praia de Flamands Bay e obedece à máxima de que os melhores hotéis não precisam de megaestruturas. Esse é pequeno na medida, mas cheio de bossa. Os bangalôs têm vista para o mar ou para um lindo jardim tropical. As praias mais selvagens da ilha São Saline e Gouverneur.

COMO CHEGAR

É preciso voar até Miami e fazer conexão na ilha de St. Maarten (St. Martin). De lá são outros dez minutos num teco-teco. O último trecho também pode ser feito num *ferry-boat*. A Easy Cruise (www.easycruise.com) promove um cruzeiro que sai de St. Maarten e passa um dia inteiro em St. Barths. Hotel Saint-Barth Isle de France, B.P. 162, 59 05902 76181, www.isle-de-france.com.

SAIBA MAIS

www.st-barths.com traz informações completas sobre a ilha.

072

VALE DO LOIRE

(França)

Famoso por abrigar alguns dos castelos mais lindos do mundo, o Vale do Loire merece ser percorrido de carro, numa viagem sem pressa alguma. Não deixe de visitar Chambord, Chenonceau e Cheverny. Chambord (www.chambord.org) é o maior castelo do vale. Levou trinta anos para ser construído e tem seis torres, 440 cômodos, 365 lareiras e 84 escadarias. Chenonceau é o "castelo das damas", o segundo mais visitado da França depois do Château de Versailles. Cheverny serviu de inspiração para o artista belga Hergé, criador do personagem Tintin, projetar o castelo de Moulinsart, presente em suas histórias. Para que o clima de sonho se estenda noite adentro, a dica é dormir no Château de Marçay, que tem piscina aquecida ao ar livre, quadra de tênis, muitos bosques e vinhedos para você se perder com seu amor quando der vontade.

COMO CHEGAR

O Vale do Loire está a cerca de duas horas de Paris. O Château de Marçay fica em Marçay 37500 Chinon (Indre-et-Loire), 33 0 247930347, www.chateaudemarcay.com. Chenonceau, www.chenonceau.com. Cheverny, www.chateau-cheverny.fr

SAIBA MAIS

www.mappy.fr ajuda a traçar rotas rodoviárias pela França.

DOMINIC HOFBAUER / DIVULGAÇÃO

FRANCESC GUILLAUMET

MESA PARA DOIS

EL BULLI

El Bulli (Espanha)

Paul Bocuse (França)

The Fat Duck (Inglaterra)

Vila Joya (Portugal)

CONSULTÓRIO SENTIMENTAL DE TATI BERNARDI

Dizem que para você conhecer o perfil sexual de uma pessoa, basta observar como ela come. Se isso for verdade, é de se preocupar com homens que pedem "menu degustação" para experimentar um pouquinho de tudo. Também não é legal limpar o prato rapidinho. Confesse: você vai pensar duas vezes antes de reclamar que ele pede sempre o mesmo prato, não?

FRANCESC GUILLAUMET

FRANCESC GUILLAUMET

073 EL BULLI
(Espanha)

Ferran Adrià foi eleito por diversas publicações especializadas como o melhor *chef* do mundo. Sua inventividade vai além da mistura de ingredientes: ele os desconstrói e cria texturas antes inexistentes, como espumas e vapores perfumados que devem ser inalados, e não comidos. De sua cozinha podem sair coisas extravagantes, como aspargos brancos com cápsulas de azeite de oliva e marshmallow de limão. Ou ravióli líquido e *foie gras* em pó. Adrià é um dos precursores da chamada gastronomia molecular, e o que mais existe hoje é gente querendo ver – e provar – isso de perto. Só que a espera por uma mesa em seu restaurante pode durar mais de um ano. A localização é deliciosa, numa enseada do balneário de Roses.

COMO CHEGAR

O El Bulli fica 177 km ao norte de Barcelona, na cidade litorânea de Roses. Cala Montjoi, (34) 972 15 04 57, www.elbulli.com.

SAIBA MAIS

www.salvador-dali.org é o site da Fundação Gala-Salvador Dalí, que traz informações sobre o teatro-museu do artista, em Figueras, cidade próxima a Roses.

074 PAUL BOCUSE
(França)

Paul Bocuse é um dos papas da *nouvelle cuisine* francesa. Em seu restaurante, o L'Auberge du Pont de Collonges, ele não apenas serve refeições memoráveis, como também ensina uma nova geração de cozinheiros. Fica em Lyon, no sul da França, e tem cardápio com pratos imitados por *chefs* no mundo inteiro – como o robalo na massa folhada.

COMO CHEGAR

Lyon fica a 464 km de Paris. O L'Auberge du Pont de Collonges fica na 40, Quai de la Plage, 33 4 72 42 90 90, www.bocuse.fr.

SAIBA MAIS

www.en.lyon-france.com traz dicas de atrações em Lyon.

DIVULGAÇÃO

075

THE FAT DUCK
(Inglaterra)

Por muitos anos, comida inglesa foi sinônimo de semgracice. Hoje isso mudou, e um dos responsáveis pela nova onda gourmet na terra da rainha foi o The Fat Duck, agraciado com três estrelas pelo *Guia Michelin*. Você chega lá depois de uma curta viagem de trem até Bray, um delicioso vilarejo às margens do Tâmisa e pertinho de Londres. Heston Blumenthal, o *chef*, segue a gastronomia molecular: sorvete de ovos com *bacon* defumado, bolota de espuma de limão e chá verde preparada à mesa num pote de nitrogênio líquido. Mas também há lugar para os pratos clássicos, inspirados na melhor tradição da culinária francesa.

COMO CHEGAR

Partindo da estação Paddington, Bray fica a cerca de 50 minutos de trem de Londres. High Street Bray, 44 16 2858 0333, www.fatduck.co.uk.

SAIBA MAIS

www.networkrail.co.uk é o site para programar a viagem de trem até Bray.

076

VILA JOYA
(Portugal)

Fica no Algarve, na costa sul de Portugal, dentro do hotel de mesmo nome. O *chef* austríaco Dieter Koschina garantiu ao restaurante duas cobiçadas estrelas no *Guia Michelin* – o que faz do restaurante o melhor do país. De sua cozinha surgem delícias como o tamboril com molho de alho e o carré de vitela com ervas aromáticas. As refeições são servidas no terraço, com vista para o mar. Está difícil conseguir reserva? O jeito mais fácil de garantir uma mesa é hospedar-se no próprio hotel.

COMO CHEGAR

O Vila Joya fica na praia da Galé, Apartado 120, Guia Albufeira, 351 289-591-95, www.vilajoya.de.

SAIBA MAIS

www.visitportugal.com traz dicas para quem quer estender a viagem pela terrinha.

DIVULGAÇÃO

DIVULGAÇÃO

SOLEILPHOTO | DREAMSTIME.COM

O TEMPO REDESCOBERTO

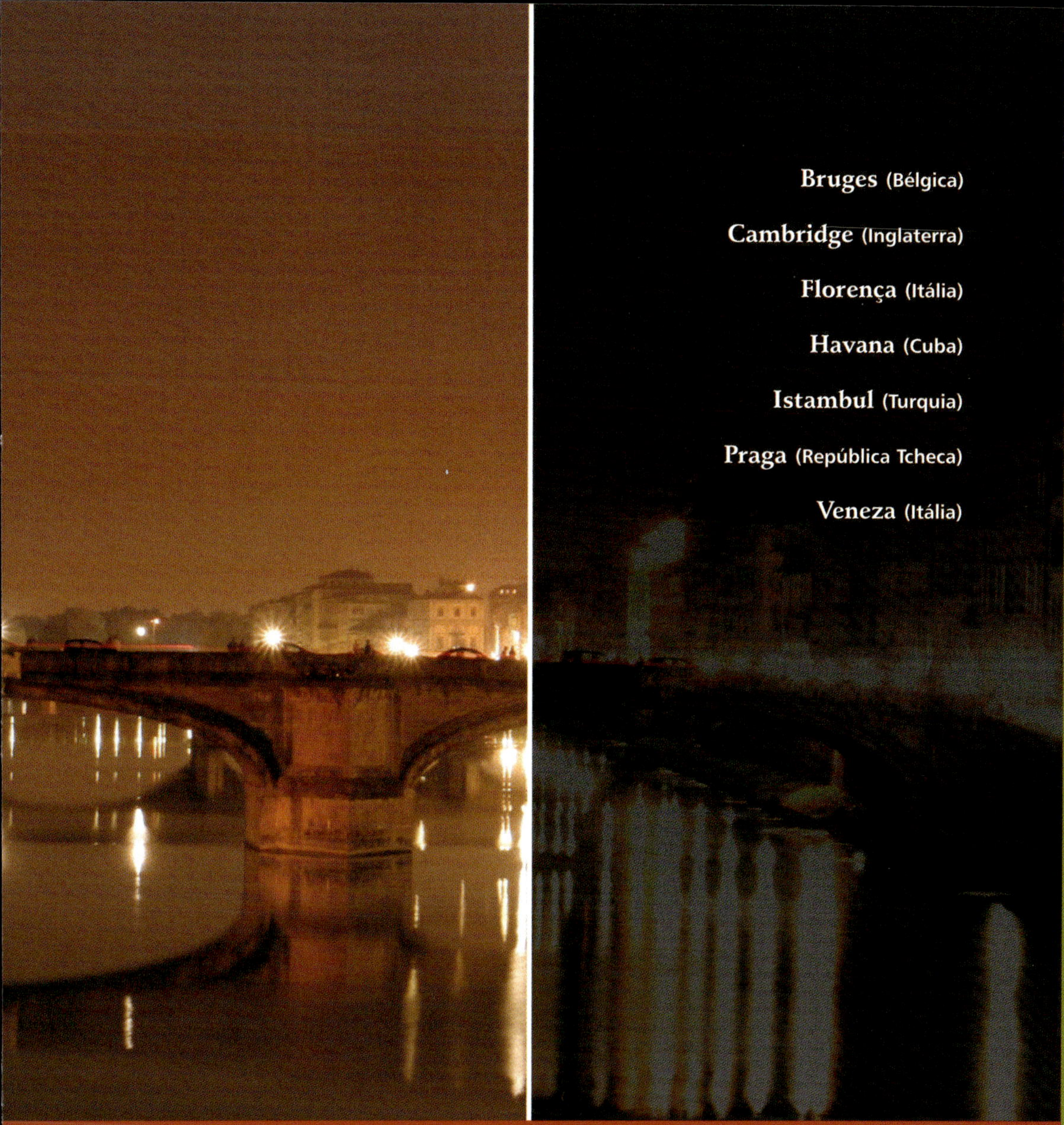

Bruges (Bélgica)

Cambridge (Inglaterra)

Florença (Itália)

Havana (Cuba)

Istambul (Turquia)

Praga (República Tcheca)

Veneza (Itália)

CONSULTÓRIO SENTIMENTAL DE TATI BERNARDI

Algumas dicas parecem da vovó... mas lembre-se de que ela ficou casada durante 50 anos! Não, você não pode fazer na frente dele (seja na primeira ou na trigésima viagem de vocês): cortar as unhas, passar fio dental, espremer espinhas, se depilar, usar cremes de cores estranhas no rosto, colocar absorvente... aliás, o que vocês estão fazendo juntos no banheiro? Casal no banheiro, só se for dentro da banheira, de preferência com velas.

DIVULGAÇÃO

077 BRUGES
(Bélgica)

Caminhar por Bruges é como andar dentro de um conto de fadas. É uma das cidades medievais mais bem preservadas do mundo e tem programas mega-românticos, como percorrer os canais de barco e passear de carruagem pelas ruas. Para uma visão completa da cidade, suba a torre Belfort, erguida no século XIII.

COMO CHEGAR

Os vôos para Bruxelas, capital da Bélgica, fazem conexão nas principais cidades da Europa. A viagem de carro ou de trem até Bruges dura uma hora.

SAIBA MAIS

www.brugge.be traz serviços e passeios na cidade.

078

CAMBRIDGE
(Inglaterra)

A tradição acadêmica de Cambridge é mundialmente reconhecida, e um passeio por essa pequena cidade inclui a visita a alguns dos *colleges* mais tradicionais da Inglaterra. Os imponentes prédios seculares ficam um ao lado do outro, cada um com seu impecável e bem cuidado jardim – outra tradição inglesa. Os mais famosos são o King's College, fundado em 1441, com uma incrível capela, e o Trinity College, no qual está a Biblioteca Wren, de 1695, projetada por Sir Christopher Wren, o mesmo que construiu a catedral St. Paul, em Londres. Uma forma divertida de conhecê-los é passear por uma espécie de gôndola sobre o rio Cam, que corre aos fundos das construções.

COMO CHEGAR

A melhor maneira de chegar a Cambridge é de trem, saindo de Londres a partir das estações Liverpool ou King's Cross. A viagem dura cerca de uma hora.

SAIBA MAIS

www.scudamores.com é um ótimo site com informações sobre o passeio pelo rio Cam; tem link para os *colleges*.

DIVULGAÇÃO

079

FLORENÇA
(Itália)

A capital do renascimento serviu de morada para grandes gênios, como Da Vinci, Michelangelo, Donatello, Giotto, Maquiavel, Dante e Galileu, dentre outros tantos. Portanto, não é surpresa que ela guarde algumas das maiores belezas arquitetônicas e artísticas da Europa, nem que tenha sido o berço de grandes idéias e invenções da humanidade. Mas Florença surpreende o tempo todo. Na Praça del Duomo está a imponente Catedral de Santa Maria del Fiore, a quarta maior do mundo. A Galeria degli Uffizi expõe obras de Rafael, Rubens, Rembrandt e Botticelli. Na Galleria dell'Accademia fica o célebre Davi, de Michelangelo – dele foi também o projeto da ponte Santa Trinità, reconstruída com material original após um bombardeio na Segunda Guerra Mundial. Tem ainda a ponte Vecchio, de 1345. E basta sair pouca coisa da cidade para se deparar com os ciprestes, vinhas e oliveiras que compõem a belíssima paisagem da Toscana.

COMO CHEGAR

Os vôos para Florença fazem conexão em Milão, Frankfurt ou Paris. Confira os acervos virtuais das galerias: Galeria degli Uffizi, www.virtualuffizi.com; Galeria dell'Accademia, www.polomuseale.firenze.it/accademia/#servizi.

SAIBA MAIS

www.turismo.toscana.it traz informações sobre turismo na região da Toscana

080

HAVANA
(Cuba)

Cuba tem o mar maravilhoso do Caribe, mas o que a torna mais interessante que as demais ilhas da região continuam sendo seus mitos: comunismo, embargo americano, charutos, Fidel. A capital, Havana, tem um ar de decadente ao mesmo tempo em que vive nas cores, nos carros antigos que circulam como naves pelas ruas, na música e no povo, que, apesar da escassez, continua sorrindo. Dois dos museus mais bacanas são o Nacional de Bellas Artes, que tem uma excelente coleção de arte cubana, e o de Revolución, que conta a saga de Fidel até tornar-se ditador e mito. Logo que chegar, faça reserva para um jantar no restaurante La Guarida – não se assuste com o prédio caindo aos pedaços onde ele está instalado: a comida é inesquecível. A seis horas de viagem de Havana fica a pequena e adorável Trinidad, cidadezinha colonial que é patrimônio mundial da Unesco. Ali, a pedida para noites enluaradas é sentar nos degraus de uma escadaria para ouvir ritmos locais na Casa de la Música.

COMO CHEGAR

Voe para a Cidade do Panamá e de lá faça conexão até Havana. Museu Nacional de Bellas Artes, Calle Trocadero, 53 7 63 9042. Museu de la Revolución, Refúgio, 53 7 862 4092. La Guarida, www.laguarida.com. Em Trinidad, a Casa de la Música fica na Rosário, 3, 53 419 3414.

SAIBA MAIS

www.embaixadacuba.org.br, para informações sobre o visto de turista necessário para entrar no país.

DIVULGAÇÃO

081

ISTAMBUL

(Turquia)

Com um pé no Ocidente e outro no Oriente, a antiga Constantinopla foi sede dos impérios romano, bizantino e otomano – daí Istambul ser uma das cidades mais extravagantes do mundo. No bairro de Sultanahmet ficam construções como a Mesquita Azul, recoberta de azulejos, com seis minaretes apontados para o céu; a Basílica de Santa Sofia, com sua nave descomunal; e o Palácio Topkapi, a residência imperial do sultão. Ali é possível visitar o harém que um dia chegou a abrigar mais de mil concubinas. Não deixe de se entregar às experiências mágicas de um show de dança do ventre, a um autêntico banho turco e ao espetáculo ritual dos dervixes rodopiantes, que giram incansavelmente sobre o próprio eixo vestidos com longas saias e chapéus cônicos. Eles são sufistas da vertente mais mística do islamismo.

COMO CHEGAR

Os vôos para Istambul fazem conexão em Milão, Paris, Munique, Amsterdã, Londres ou Madri. Para um banho turco, experimente o Cagaloglu (Yerebatan Cad, 90 522-2424). O ritual dos dervixes acontece na estação de trens de Eminonu.

SAIBA MAIS

www.kultur.gov.tr é um portal com os principais destinos da Turquia.

CINDY WILK

082

PRAGA

(República Tcheca)

Difícil saber qual é a melhor época para visitar Praga. Na primavera, o sol faz com que as estátuas da ponte Carlos ganhem tonalidades diferentes de luz e sombra ao longo do dia. No inverno, quando a neve cai, o efeito é mais dramático, e fica quase impossível não pensar num atormentado e, então, obscuro Franz Kafka, nascido ali, percorrendo aquele mesmo caminho há uns cem anos. O barulhinho da neve que afunda sobre os pés a cada passo, no entanto, faz o clima frio virar uma festa. Fique atento aos detalhes da arquitetura: o barroco e o medieval se misturam em pontes e monumentos. Praga também respira música. Entre maio e junho acontece o Festival da Primavera, que há mais de 60 anos reúne as melhores sinfônicas da Europa. Numa das muitas vezes que você for cruzar a ponte Carlos mire o castelo de Praga do alto e repare à sua esquerda uma ilhazinha no meio do rio. Dali, num fim de tarde qualquer, você vai ter uma vista magnífica da ponte e do castelo de Praga iluminando-se ao fundo.

COMO CHEGAR

Os vôos para Praga fazem conexão nas principais cidades da Europa. Confira a programação e compre ingressos para o Festival da Primavera no www.festival.cz. Para planejar sua visita ao castelo de Praga, www.hrad.cz.

SAIBA MAIS

www.ckrumlov.cz, para obter informações sobre a cidadezinha de Český Krumlov, que tem um castelo e trezentas casas renascentistas. Fica a 180 km de Praga.

083

VENEZA
(Itália)

Mesmo depois de ter sido exaustivamente filmada, escrita, falada e clicada, Veneza segue inabalável como o lugar mais romântico do mundo. A gôndola continua sendo o meio de transporte oficial dos casais apaixonados (prepare o bolso: são 90 euros por 50 minutos de passeio e outros 20 euros para o gondoleiro entoar um *Sole Mio*). Ainda que a Veneza dos pombinhos só caiba num *vaporetto*, o ônibus local, é líquido e certo que a experiência será inesquecível. O trajeto mais lindo é o da linha que percorre o Canal Grande e vai beirando os palácios Ca'd'oro (Galleria Franchetti), o Grassi, o Venier de Leoni (que abriga a coleção de Peggy Guggenheim) e outros tantos cartões-postais. No caminho também surgem a ponte do Rialto e a mítica Praça San Marco. Chegando à praça, é hora de descansar numa das mesas do Café Florian, aberto desde 1720 em frente à Basílica. Peça um *espresso* e deixe-se apaixonar mais um pouco pela eterna cidade dos amantes.

COMO CHEGAR

Os vôos para Veneza fazem conexão nas principais cidades da Europa. Café Florian, www.caffeflorian.com. Reserva de gôndolas pelo 39 41 528-5075.

SAIBA MAIS

www.artofvenice.com é um site com informações sobre objetos de vidro produzidos na ilha de Murano.

DRAZEN VUKELIC | DREAMSTIME.COM

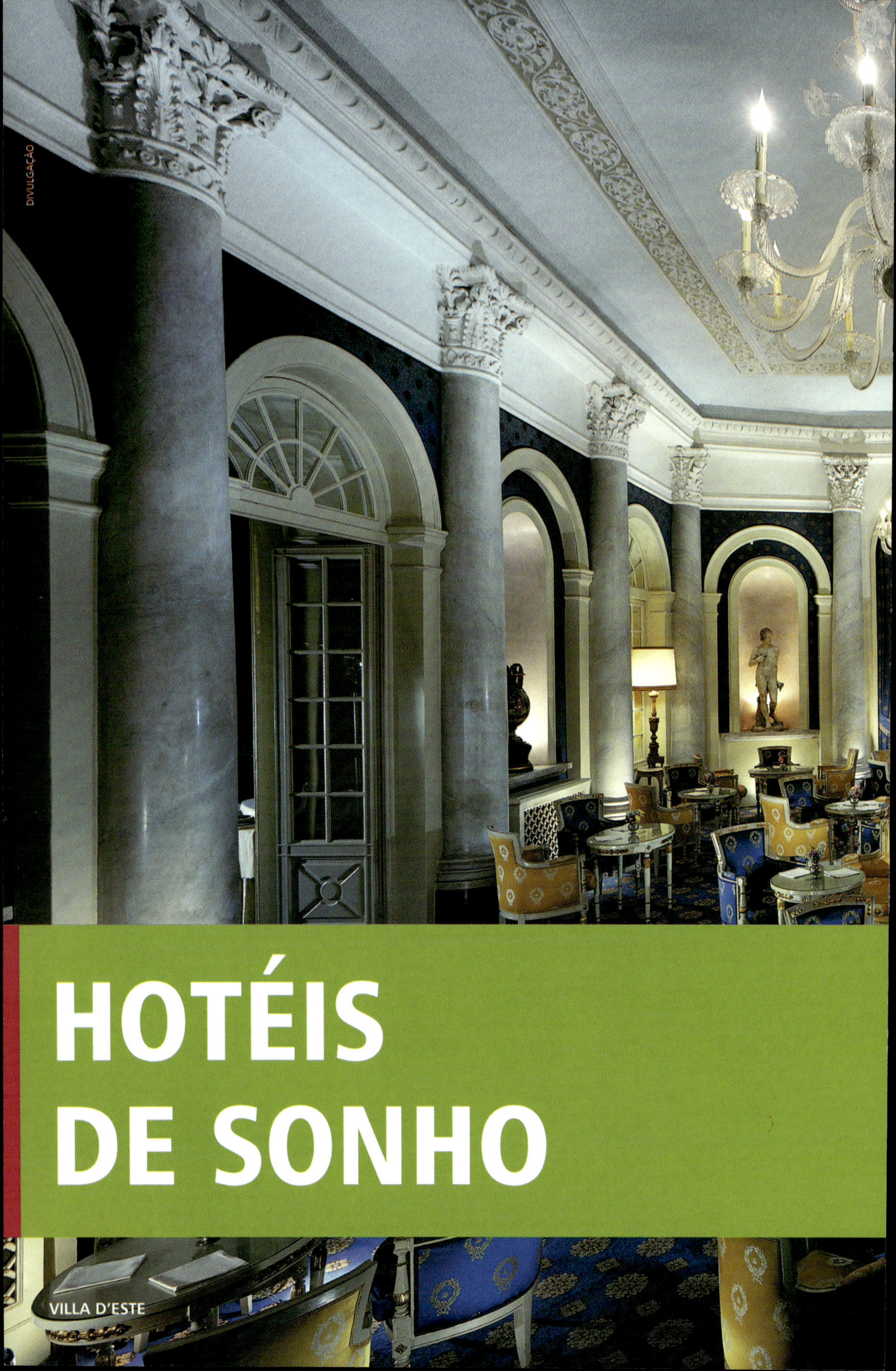

DIVULGAÇÃO

HOTÉIS DE SONHO

VILLA D'ESTE

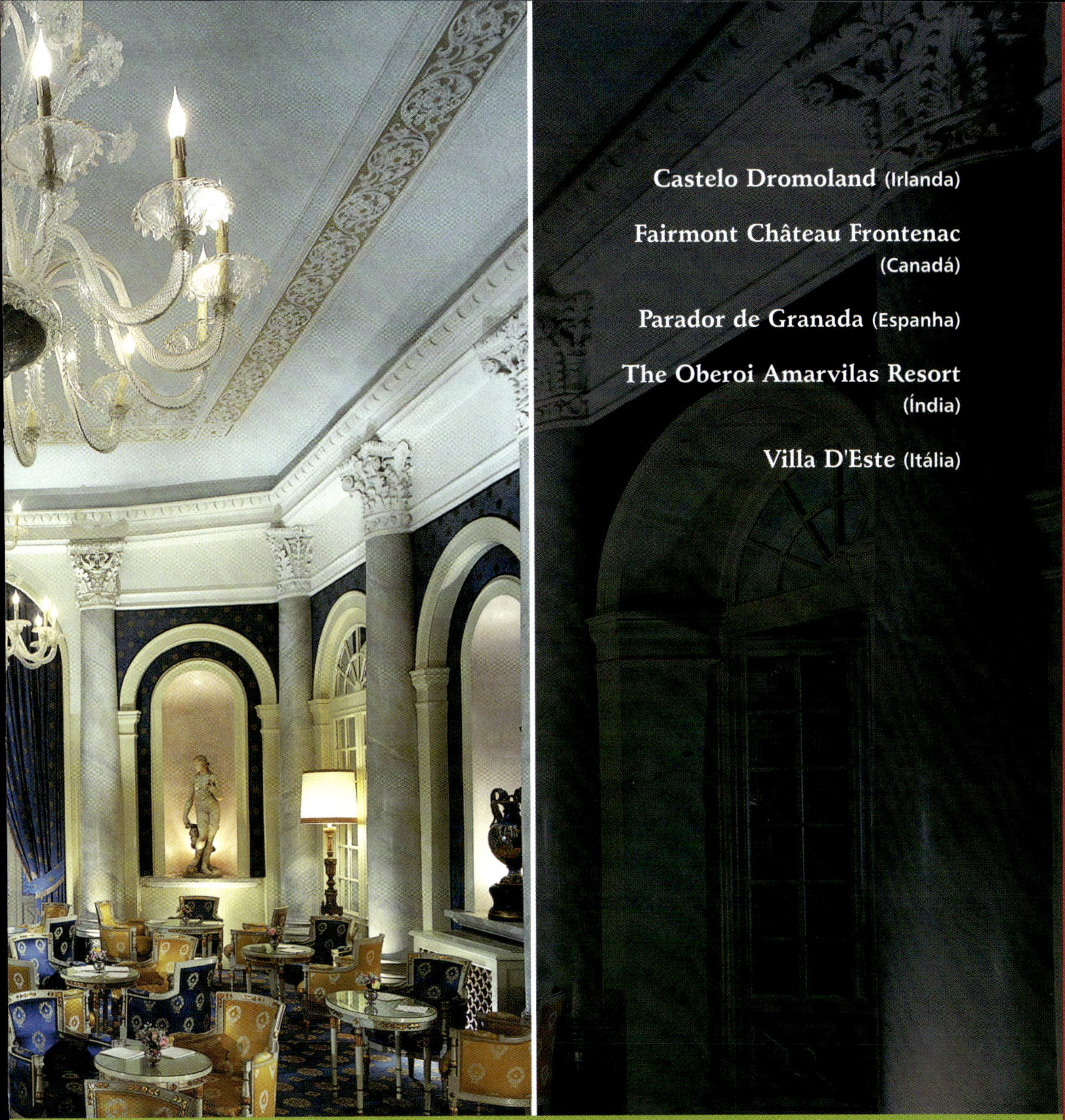

Castelo Dromoland (Irlanda)

Fairmont Château Frontenac (Canadá)

Parador de Granada (Espanha)

The Oberoi Amarvilas Resort (Índia)

Villa D'Este (Itália)

CONSULTÓRIO SENTIMENTAL DE TATI BERNARDI

Se você fala tudo com aquela vozinha de criancinha, usa pijaminha de ursinho, lavandinha de nenê, pantufinha de cachorrinho e faz biquinho quando fica bravinha... como vai querer ser tratada como mulher? Lugar de criança é em hotel-fazenda brega, com aqueles monitores chatos berrando. Agora, se você caprichar na *lingerie* e tiver atitudes de mulher, quem sabe a próxima viagem não seja para um hotel de gente grande?

DIVULGAÇÃO

084

CASTELO DROMOLAND

(Irlanda)

Esse castelo do século XVI pertenceu a diversas famílias da nobreza irlandesa. E, mesmo centenas de anos depois, a pompa continua a mesma. Para passar o tempo, escolha entre um passeio de barco no lago, uma tarde no spa, uma cavalgada, um banho de piscina ou aulas de golfe – Dromoland é conhecida por abrigar um dos melhores campos de toda a Europa.

COMO CHEGAR

Dromoland fica a 13 km do aeroporto de Shannon, no sudoeste da Irlanda. Os vôos para lá fazem conexão em Londres. Castelo Dromoland, Newmarket-on-Fergus, Condado de Clare, 353 61-368144, www.dromoland.ie.

SAIBA MAIS

www.tourismireland.com é o melhor endereço para você planejar sua visita à Irlanda.

DIVULGAÇÃO

DIVULGAÇÃO

085 FAIRMONT CHÂTEAU FRONTENAC
(Canadá)

Esse incrível castelo construído como hotel há mais de cem anos é também um ponto turístico importante de Quebec. Localizado no coração da parte antiga da cidade, tem 600 luxuosos quartos. Das suítes do 11° ao 15° andar você tem uma vista deslumbrante dos arredores e do rio St. Lawrence.

COMO CHEGAR

Os vôos para Quebec fazem conexão em Toronto. Fairmont Château Frontenac, 1 rue des Carrieres, 1 418 692 3861, www.fairmont.com/frontenac.

SAIBA MAIS

www.bonjourquebec.com traz informações sobre as regiões turísticas de Quebec.

086

PARADOR DE GRANADA
(Espanha)

Foi construído no século XV pelos reis católicos Fernando e Isabel, na intenção de abrigar um convento. Os apartamentos, portanto, ficam no antigo claustro, e os móveis são do tipo colonial, sem afetação. Mas o que de fato faz o Parador ser um lugar tão romântico é sua localização, junto aos jardins e fontes do Alhambra, um antigo palácio islâmico, e a vista privilegiada para o bairro mouro de Albaicin.

COMO CHEGAR

Granada fica a 463 km de Madri e 287 km de Sevilha. Os vôos para lá fazem conexão em Madri e em outras grandes cidades européias. Parador de Granada, Real de la Alhambra, 34 902 54 79 79, www.parador.es.

SAIBA MAIS

www.alhambra.org é o site para comprar ingressos antecipados e saber mais sobre o Alhambra.

087

THE OBEROI AMARVILAS RESORT
(Índia)

DIVULGAÇÃO

A maior prova de amor em formato de mármore que o mundo já conheceu é o Taj Mahal. Ele foi erguido na cidade indiana de Agra, ao sul de Nova Délhi, a mando do xá Jahan em homenagem a sua mulher que morreu. Hoje, o Oberoi Amarvilas Resort é a hospedagem mais chique de Agra – e tem uma vista esplêndida para o Taj Mahal. No spa, muitos dos cremes e óleos são os mesmos usados pela nobreza indiana há mais de 500 anos. O hit mais sensual desse resort é tomar banho de piscina à noite sob a luz de tochas.

DIVULGAÇÃO

COMO CHEGAR

Os vôos para Nova Délhi fazem conexão em Londres, Frankfurt, Munique ou Paris. Agra fica a 190 km de Nova Délhi. The Oberoi Amarvilas Resort, Taj East Gate Road, 91 562 223 1515, www.oberoihotels.com.

SAIBA MAIS

www.incredibleindia.org é um portal com informações para você planejar sua viagem ao país.

DIVULGAÇÃO

088

VILLA D'ESTE

(Itália)

Este belo refúgio no norte da Itália, junto às margens do lago Como, está em todas as listas *top 10* de hotéis de luxo da Europa. As acomodações são riquíssimas e o enorme e impecavelmente bem cuidado jardim já ganhou inúmeros prêmios. A piscina foi construída sobre o lago. George Clooney, dono de uma enorme propriedade logo ao lado, é o vizinho ilustre do hotel.

COMO CHEGAR

Há vôos diretos para Milão. De lá, são 67 km até o castelo. Villa D'Este, Via Regina, 40, Cernobbio 39 031 3481, www.villadeste.it.

SAIBA MAIS

www.turismo.comune.milano.it, para planejar sua visita a Milão.

DIVULGAÇÃO

ESTRADAS ROMÂNTICAS

CINQUE TERRE

SILVANO AUDISIO | DREAMSTIME.COM

Cinque Terre (Itália)

Costa Brava (Espanha)

Rota Romântica (Alemanha)

Vermont (Estados Unidos)

CONSULTÓRIO SENTIMENTAL DE TATI BERNARDI

Estradas são perfeitas para deixar tudo para trás. Enquanto o vento refresca a testa, as cores correm e a natureza se impõe nova, aproveite para perdoar pequenos deslizes. Sim, eles implodem depois da cerveja e amam descomunalmente os amigos. Sim, elas viram bruxas maquiavélicas uma vez ao mês e largam calcinhas molhadas penduradas no banheiro.

DIVULGAÇÃO

KIKO NOGUEIRA

089 CINQUE TERRE
(Itália)

Cinque Terre são cinco pequenas vilas debruçadas sobre a costa mediterrânea da Ligúria, no noroeste da Itália. Manarola, Vernazza, Corniglia, Monterosso e Riomaggiore, fundadas na Idade Média entre os séculos XI e XIII, mantiveram-se por muito tempo a salvo do turismo em massa. Hoje, a região já não é mais uma ilustre desconhecida, mas quem viaja para lá vai em busca de uma Itália mais pitoresca, dos velhinhos que batem papo num banco no final da tarde, das roupas estendidas nas sacadas, dos pescadores e barquinhos atracados na praia, das vinícolas, da culinária saborosa e sem afetação. O trajeto entre as vilinhas pode ser feito de trem, carro (mas nos vilarejos sua circulação é proibida) ou, no caso dos amantes do *trekking*, a pé (as trilhas são bem sinalizadas nas encostas, mas têm trechos de pura pirambeira. A recompensa são paisagens espetaculares). O trecho entre Riomaggiore e Manarola, feito em 20 minutos, passa por banquinhos, flores e placas com versos de poetas – por isso, é chamado de Via Dell'Amore. E, para os que preferem "mar-firme", o trajeto entre as Cinque Terre também pode ser feito de barquinho.

DIVULGAÇÃO

COMO CHEGAR

É preciso voar até Milão e de lá pegar um trem (www.trenitalia.com) para La Spezia. De lá saem os trens e barcos (apenas no verão) em direção a Cinque Terre.

SAIBA MAIS

www.cinqueterre.it é o site para saber detalhes sobre cada um dos cinco vilarejos.

090 COSTA BRAVA
(Espanha)

Após dias plenos em Barcelona, em companhia de Gaudí, *ramblas* e *orchatas* (a bebida tradicional de lá), vale a pena alugar um carro e explorar a parte norte da Catalunha até quase a divisa com a França. Pegue a estrada A-7, que sai de Barcelona, e siga até a saída 10, que leva a Blanes – são cerca de 60 km. Passe direto por Lloret de Mar até chegar a Tossa. Dali até Sant Feliu de Guixols, a estrada vai ficando cada vez mais sinuosa. A paisagem formada por penhascos e o Mediterrâneo azul, lá embaixo, é de enlouquecer. Vá preparado e faça uma parada estratégica para mergulho em qualquer uma das pequenas enseadas (*calas*) de areia ou pedra que surgem no caminho. Mais adiante está Calella de Palafrugell, tradicional balneário dos barcelonenses. Em Roses você vai encontrar o restaurante do *chef* mitológico da culinária mundial, Ferran Adrià (leia mais sobre o restaurante El Bulli no capítulo "Mesa para dois"). Cadaqués, o ponto final deste roteiro, é onde Picasso e Dalí tiveram suas casas de veraneio. Você vai pensar que está circulando numa Santorini ao nível do mar, com ruas de pedras e casas caiadas nas quais funcionam lojas e galerias de arte. O slogan do vilarejo, colocado até nas placas de carros e scooters, diz tudo: *Cadaqués i res més* (do catalão, "Cadaqués e nada mais").

COMO CHEGAR

De Barcelona a Cadaqués são 205 km seguindo pela Costa Brava. O retorno a Barcelona pode ser feito em 176 km de auto-estrada.

SAIBA MAIS

www.michelin.es é o site da Michelin Espanha, super-útil para traçar rotas rodoviárias pelo país.

DIVULGAÇÃO

091

ROTA ROMÂNTICA

(Alemanha)

Imagine uma estrada em condições perfeitas, passando por cidadezinhas medievais, vales banhados por rios, vinhedos e castelos de contos de fadas. Não foi à toa que poetas românticos alemães dos séculos XVIII e XIX batizaram esse trecho ao sul de Frankfurt de Rota Romântica. Würzburg, a primeira parada, tem dois castelos magníficos, a Fortaleza de Marienburg e o Palácio Residencial (Residenz), esse último com um incrível Salão dos Espelhos recoberto por vidro e ouro. Rothenburg ob der Tauber (Rotemburgo ao Tauber) é uma das mais lindas paradas do percurso. As ruas estreitas e o casario parecem ter saído de uma história de princesas. Augsburg é a maior cidade do percurso – o prédio da prefeitura, no centro histórico, abriga um ostentoso Salão Dourado. Landsberg tem ótimos restaurantes, galerias de arte e deliciosas ladeiras. O *gran finale* da estrada fica um pouco antes de Füssen. Trata-se de um castelo magnífico, o impronunciável Neuschwanstein, mais conhecido como o castelo da Cinderela, concebido por Ludovico II, príncipe da Baviera.

COMO CHEGAR

Os vôos do Brasil vão direto a Frankfurt. De lá, são 115 km até Würzburg, porta de entrada da Rota Romântica. O percurso inteiro tem ciclovias. Neuschwanstein, www.neuschwanstein.com.

SAIBA MAIS

www.romantischestrasse.de traz informações e serviços de todas as cidades da Rota Romântica.

GABRIEL SIMA | DREAMSTIME.COM

092

VERMONT
(Estados Unidos)

O estado americano de Vermont fica grudado na província canadense de Quebec, e do lado esquerdo, em Nova York. A melhor época para percorrer a estrada Vermont-100 é no outono, no final de setembro e outubro, quando as folhas das árvores ganham tons amarelados e avermelhados. O bacana é sair de Nova York e pegar a Interestadual 87, em direção a Albany. Consumistas incorrigíveis vão adorar uma parada em Manchester, onde há *outlets* de grifes como Polo Ralph Lauren, Banana Republic, Escada e Armani. Em West Bridgewater, faça um desvio à direita para conhecer Woodstock, uma cidadezinha superflorida com casas antigas, onde é possível se abastecer de iogurtes, tortas e queijos orgânicos. Na seqüência, surgem a Reserva das Green Mountains e, mais adiante, Stowe, que além de ter butiques, confeitarias e mercearias antigas, conta com uma famosa estação de esqui.

COMO CHEGAR

Da cidade de Nova York a Stowe, em Vermont, são cerca de 600 km. Outra idéia é sair de Boston, percorrer o sul do estado de New Hampshire e chegar direto em Stowe. Dali, é só fazer o caminho inverso até Nova York.

SAIBA MAIS

www.vermontvacation.com para saber mais sobre Vermont e o fenômeno da troca de folhas durante o outono.

ALEXANDRA FORBES

DIVULGAÇÃO

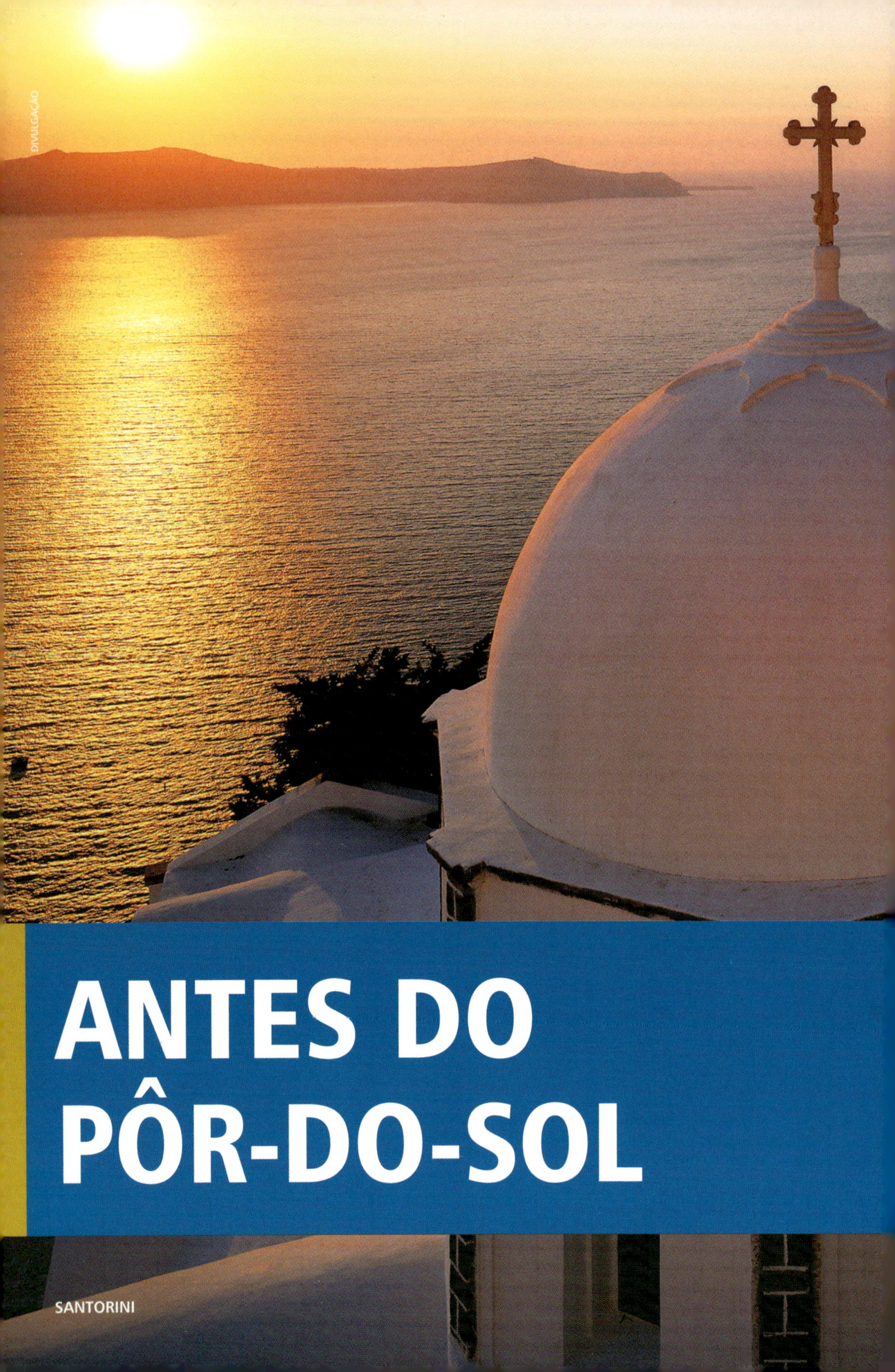

ANTES DO PÔR-DO-SOL

SANTORINI

Angkor (Camboja)

Cidade do Cabo (África do Sul)

Dubrovnik (Croácia)

Roma (Itália)

Santorini (Grécia)

CONSULTÓRIO SENTIMENTAL DE TATI BERNARDI

Sorrir ao lado do seu amado em um fim de tarde espetacular durante uma viagem é fácil. E sorrir antes do nascer do sol, quando a viagem já acabou e você precisa acordar cedinho para fazer o check-out do hotel? Bom, é nessas horas que o seu comportamento manda uma mensagem subliminar para o inconsciente dele: sim, eu sou uma companhia boa e agradável para todas as horas – ou não, meu humor é uma desgraça e se eu fosse você não viajaria mais comigo.

093

ANGKOR
(Camboja)

O grande espetáculo dessa cidade asiática são as centenas de templos construídos entre os séculos IX e XV, inicialmente dedicados aos deuses hindus e, mais tarde, a Buda. O mais majestoso é o Angkor Wat, que merece ser visitado em diferentes horas do dia. De manhãzinha, quando o sol nasce atrás do templo, o efeito da contra-luz é inacreditável. O fim do dia é a melhor hora para fazer fotos. Outro templo imperdível é Angkor Tom, com a imagem do buda Bodhisattva Avalokiteshvara esculpida em cada um dos quatro portões de entrada – o lugar serviu de locação para o filme *Tomb Rider II*, com Angelina Jolie. No templo de Ta Prom, que ao contrário dos demais nunca foi restaurado, o mais impressionante são as raízes de árvores centenárias que se confundem com as construções.

COMO CHEGAR

É preciso voar até Bangkok, na Tailândia, e de lá fazer conexão para Siem Reap, no Camboja, que também serve de cidade-base para conhecer a região.

SAIBA MAIS

www.world-heritage-tour.org/asia/kh/angkor/map.html traz imagens dos templos em 3D.

POMORTZEFF | DREAMSTIME.COM

DIVULGAÇÃO

094 CIDADE DO CABO
(África do Sul)

Ela tem praias urbanas deliciosas, carnaval de rua, favelas, jardim botânico e um bondinho que sobe uma montanha de onde se tem a visão mais deslumbrante da cidade. Impossível não comparar a Cidade do Cabo com o Rio de Janeiro, dois lugares de contrastes sociais marcantes e abençoados pela natureza – até o DDD dos dois é o mesmo, o 21. Clifton e Camps Bay são as melhores praias. Tem água gelada, mas é impossível resistir ao mix perfeito da paisagem formada por prédios fincados na areia e a gigantesca Table Mountain (uma montanha com o formato de uma mesa) como pano de fundo. Suba de bondinho para ver isso tudo de cima, de preferência no final da tarde, quando o sol se põe no oceano. No V&A Waterfront, uma marina super-estilosa, aproveite os restaurantes e lojas. Para um dia romântico, vá ao jardim botânico Kirstenbosch e aproveite para fazer um piquenique. Não se esqueça de levar vinho: a África do Sul produz alguns dos melhores do mundo. Outra ótima pedida é reservar um dia para conhecer o Cabo da Boa Esperança.

COMO CHEGAR

Vôos para a Cidade do Cabo fazem conexão em Johannesburgo. Table Mountain, www.tablemountain.net. Jardim botânico Kirstenbosch, Rhodes Drive, 27 21 799 8783, www.sanbi.org.

SAIBA MAIS

www.tourismcapetown.co.za é um portal completo sobre a cidade.

095

DUBROVNIK

(Croácia)

Por muitos anos, essa cidade situada no extremo sul da Croácia foi o segredo mais bem guardado do mar Adriático. Os holofotes se voltaram para ela durante um episódio lamentável, em 1991, quando foi bombardeada ao longo de três meses depois que a Croácia declarou independência da ex-Iugoslávia. Dez anos foram necessários para que Dubrovnik fosse praticamente reconstruída e, hoje, mais do que nunca, ela exibe com orgulho o posto de "pérola do Adriático". Muito do traçado medieval do século XII foi conservado – como a grande muralha que se estende por 2 km, envolvendo a cidade velha. Saindo um pouco do setor medieval, uma boa pedida é subir à parte alta, onde sobrados, restaurantes e cafés viram camarotes perfeitos para um fim de tarde.

COMO CHEGAR

Os vôos para Dubrovnik fazem conexão em Frankfurt, Lisboa, Paris e Londres.

SAIBA MAIS

paginas.terra.com.br/educacao/croacia/croacia.htm traz muitas fotos e informações em português sobre o país.

DIVULGAÇÃO

096

ROMA
(Itália)

Os romanos não abrem mão de viver uma *dolce vita*. Isso inclui beber, comer e jogar conversa fora, principalmente no final de tarde, depois de um dia de trabalho. O guia Roma agora, editado pela revista Viagem & turismo com a editora Dorling Kindersley, traz ótimas dicas de como aproveitar a cidade em grande estilo.

"É bem capaz que você se emocione ao olhar para os prédios antigos e as avenidas de pinheiros de Roma no pôr-do-sol. Vá ao Pincio ou suba a Escadaria Espanhola para admirar a vista da Basílica de São Pedro e o labirinto de ruas calçadas de pedra da cidade; termine o dia entre as laranjeiras do Giardino degli Aranci; ou, na Praça do Quirinale, veja os palácios de Roma se tingirem de vários tons de laranja, rosa e vermelho. Se tiver dinheiro, aprecie o pôr-do-sol do bar na cobertura do hotel Raphael ou faça um 'vôo' de 15 minutos no L'Ottavo Colle, balão preso ao solo na Villa Borghese, até hoje o melhor lugar para ver o sol desaparecer no horizonte (de nove e meia da manhã até depois do poente)."

COMO CHEGAR

Os vôos para Roma fazem conexão em Milão. Hotel Raphael, Largo Febo, 2, Piazza Navona, 39 06 682831, www.raphaelhotel.com.

SAIBA MAIS

www.romaturismo.it é um bom site para planejar sua temporada em Roma.

DIVULGAÇÃO

097

SANTORINI

(Grécia)

Vista de longe, desde o mar, parece uma montanha coberta de neve. Mas quando você se aproxima um pouco vê que são casinhas brancas, mais uma ou outra toda pintada de azul. Quando já desembarcou e está lá em cima, você começa a reparar que, no teto côncavo de algumas casas, desponta uma cruz, ou então sinos, anunciando a presença de uma igreja ortodoxa grega – não, aquele cartão-postal que você viu horas antes em Atenas não era uma montagem. Oia (pronuncia-se Ia) é a porção de Santorini mais fotografada, porque também é a mais bonita. E o que mais se faz por ali é ficar no sobe-e-desce de escadas e ladeiras, algumas tão estreitas que até se forma um tipo de congestionamento. Em qualquer ponto do trajeto, desvie o olhar em direção ao mar (ele está sob a caldeira de um vulcão) e repita para si mesmo: sim, Santorini é mesmo o paraíso em pleno Egeu. E, no pôr-do-sol, o que era lindo fica ainda mais emocionante.

COMO CHEGAR

Os vôos para Atenas fazem conexão em Milão, Paris, Munique, Amsterdã e Zurique. O trajeto do porto de Pireus até Santorini leva de quatro a oito horas, dependendo do tipo de embarcação.

SAIBA MAIS

www.greekislands.gr tem horários e trajetos dos *ferry-boats* até as ilhas.

ACHIARTISTUL | DREAMSTIME.COM

DIVULGAÇÃO

SEX AND THE CITY 2

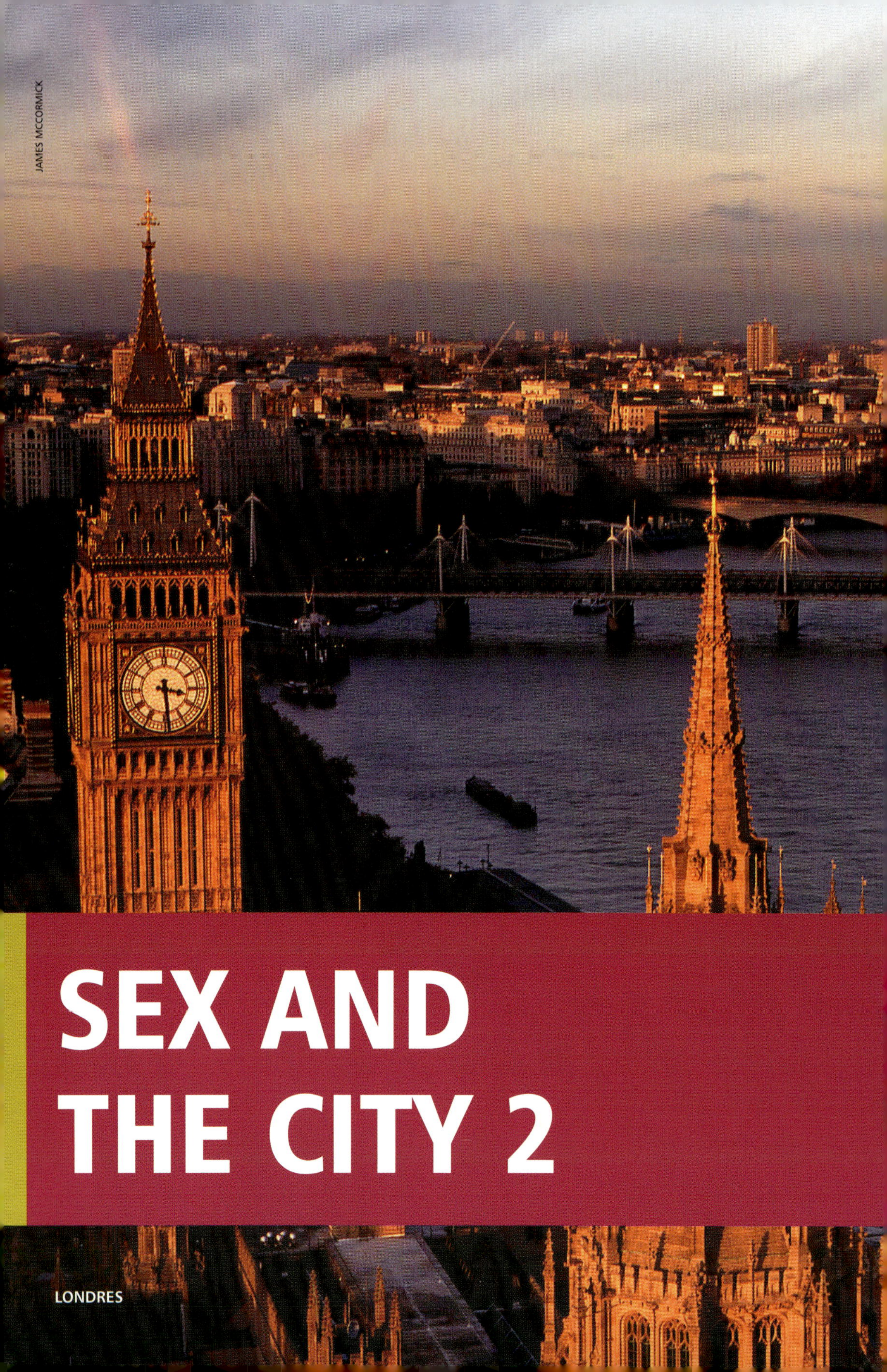

JAMES MCCORMICK

LONDRES

Buenos Aires (Argentina)

Londres (Inglaterra)

Nova York (Estados Unidos)

Paris (França)

CONSULTÓRIO SENTIMENTAL DE TATI BERNARDI

Depois de um dia inteiro descobrindo lugares, fazendo passeios, poses para fotos e muitas compras, é normal querer despencar na cama e dormir como um bebê. Errado: não se esqueça que sua intenção é curtir a cidade a dois, incluindo a cama do hotel. Massagens nos pés, banho relaxante e um jantar com direito a um bom vinho no quarto podem reanimar o casal. Se nada disso adiantar, experimente emprestar seu cartão de crédito para ela na hora das compras.

098

BUENOS AIRES

(Argentina)

A mais européia das cidades sul-americanas, a capital portenha é um destino inspirador. Os tradicionais passeios continuam infalíveis, como a Plaza de Mayo, a Casa Rosada, o Teatro Colón, o Cabildo e o antes degradado e hoje revitalizado Puerto Madero, cheio de bares e restaurantes à beira do rio da Prata. No Caminito e nas milongas de San Telmo, casais ainda dançam tango – não resista à vontade e aprenda a dançar no La Viruta, em Palermo Viejo. É o bairro que hoje reúne o melhor de Buenos Aires: restaurantes, livrarias, bares com sofás na calçada, floriculturas, lojas de puro estilo, hotéis-butique. No meio desse burburinho todo está o parque de Palermo, que tem bosque com milhares de rosas e um lago com pedalinhos e barco a remo para alugar.

COMO CHEGAR

Há vôos diretos saindo de São Paulo, Rio de Janeiro e Porto Alegre. La Viruta, Armenia, 1366.

SAIBA MAIS

www.bue.gov.ar é site oficial de turismo de Buenos Aires.

PABLO DE SOUSA

099 LONDRES
(Inglaterra)

DIVULGAÇÃO / VISIT LONDON

Os passeios-ícones de uma das cidades mais animadas da Europa seguem imperdíveis: a London Eye, o British Museum, a London Tower, a Tate, o Hyde Park e o Palácio de Buckingham estão no piloto automático de qualquer turista. Quem já é iniciado na cidade pode curtir uma Londres mais intimista. Às sextas e aos sábados, pela manhã, visite o Borough Market, próximo à London Bridge (metrô homônimo), cheio de barracas que vendem sanduíches, cafés e produtos de todo o mundo: azeitonas italianas, presunto espanhol, café brasileiro – o grande barato é descolar um lanche e comer sentado na beira do rio ali pertinho. Aos domingos de manhã acontece a feira de flores do Columbia Road Market (metrô Shoreditch). Numa rua pequenininha e estreita são montadas as barracas dos floristas e, ao longo da Columbia Road, ficam as lojas de roupas, chapéus, cafés charmosos, pubs e um sebo no segundo andar de uma loja vintage. Complete o programa com uma dose alta de romantismo: o tradicional chá das cinco no Savoy.

COMO CHEGAR

Há vôos diretos para Londres. The Savoy, Strand, West End, 44 207 836 4343; www.fairmont.com/savoy.

SAIBA MAIS

www.timeout.com/london é o site da Time Out, versão compacta da bíblia do divertimento em Londres. Não deixe de comprar a revista quando chegar à cidade.

ROGÉRIO VOLTAN

100

NOVA YORK
(Estados Unidos)

Vire e mexe surge uma reportagem ou um novo guia de viagem sobre alguma esquisitice recém-descoberta ou criada na Big Apple. Não adianta: a vocação maior de Nova York é estar sempre inventando moda, e, por enquanto, não há nenhum lugar que tire o cetro da mais divertida das metrópoles. Mas, mesmo com essa tradição novidadeira, Nova York tem coisas que não mudam nunca – ou simplesmente se aprimoram. O Central Park foi e sempre será o lugar mais romântico de todos. Tanto no outono, quando as folhas caem, quanto no verão, com gente fazendo piquenique ao cair da noite à luz de lamparinas. Ande pelo Soho e por Chelsea para ver grifes famosas, galerias de arte, butiques, e perca-se no Metropolitan Museum para descobrir os jardins bucólicos que o prédio esconde como um tesouro.

COMO CHEGAR

Há vôos diretos para Nova York. Metropolitan Museum, Quinta Avenida com a 82 Street, 212 535 7710, www.metmuseum.org.

SAIBA MAIS

www.nycvisit.com é o site oficial de turismo em Nova York.

CIAPIX | DREAMSTIME.COM

101

PARIS
(França)

Dentre todas as grandes capitais do mundo, Paris é disparada a que carrega a mais alta voltagem de romantismo. E nem é preciso se hospedar nos ultra-sofisticados Ritz ou George V para sentir isso. O clima de romance está sempre no ar: basta um passeio pela Île de la Cité ou cruzar qualquer uma das mais de trinta pontes sobre o rio Sena – se for a Pont Neuf e se você tiver assistido ao filme *Os amantes da Ponte Neuf*, vai entrar no clima muito mais rápido. Caminhar, caminhar, caminhar, seja pelos Jardins de Luxemburgo, pela Place des Voges, depois pelo Marais, pelas margens do Sena, pelo pátio do Louvre, por Montmartre... seus pés ficarão em estado lamentável, mas seu espírito estará para sempre renovado. Para relaxar, entregue-se a uma massagem seguida de chá de hortelã na Grande Mesquita. E, se você amou o atribulado romance de Carrie Bradshaw nos últimos dois capítulos de *Sex and the City*, em Paris, vai amar mais ainda o hotel no qual o episódio foi filmado, o Plaza Athénée. Existe até um pacote especial com o nome da série, e o restaurante do premiadíssimo *restaurateur* Alain Ducasse fica no próprio hotel.

COMO CHEGAR

Há vôos diretos para Paris. Grande Mesquita de Paris, rue Geoffroy Saint-Hilaire, 39, 5ème arrondissement, 01 4331 1814, www.mosquee-de-paris.org. Plaza Athénée, 25 avenue Montaigne, 33 1 53 67 66 65, www.plaza-athenee-paris.com.

SAIBA MAIS

www.parisinfo.com é um portal completo sobre a cidade.

ANNA KAHN

EDITOR | Kiko Nogueira

COORDENAÇÃO | Gabriela Erbetta

EDIÇÃO DE TEXTOS | Fabrício Brasiliense

COPIDESQUE | Maria José Sant'Anna

CAPA, PROJETO GRÁFICO E DIAGRAMAÇÃO | Osmane Garcia Filho

IMAGEM DE CAPA | John Kelly / Getty Images

REVISÃO | Taís Monteiro e Jaqueline Gutierrez

CIP-BRASIL. CATALOGAÇÃO-NA-FONTE
SINDICATO NACIONAL DOS EDITORES DE LIVROS, RJ

C389

101 viagens românticas / Revista Viagem e Turismo. – Rio de Janeiro : Ediouro, 2007.

ISBN 978-85-00-02180-0

1. Viagens - Guias. 2. Namoro – Miscelânea. I. Revista Viagem e Turismo.

07-1356 CDD: 910.202
CDU: 910.21

Ediouro

EDIOURO PUBLICAÇÕES S.A.

Rua Nova Jerusalém, 345 – CEP 21042-230
Rio de Janeiro — RJ
Tel.: (21) 3882-8200 — Fax: (21) 3882-8212/ 8313
e-mail: editorialsp@ediouro.com.br;
vendas@ediouro.com.br
internet: www.ediouro.com.br